clara

Kurze lateinische Texte
Herausgegeben von Hubert Müller

Heft 26

Die Atticus-Vita des Cornelius Nepos

Bearbeitet von Ursula Blank-Sangmeister

Mit 13 Abbildungen

Vandenhoeck & Ruprecht

Liebe Schülerin, lieber Schüler!

Titus Pomponius Atticus, dessen Biographie hier in leicht gekürzter Form vorgestellt wird, lebte in der äußerst turbulenten Zeit der ausgehenden Republik (1. Jahrhundert v. Chr.), einer Zeit, in der die Macht im Staate blutig umkämpft war und die Machtverhältnisse ständig wechselten. Opfer dieser erbitterten Auseinandersetzungen waren auch zwei äußerst prominente Römer: Sowohl Caesar wie auch Cicero starben eines gewaltsamen Todes.

Wie ist es möglich, solche Zeiten gefahrlos zu überstehen? Cornelius Nepos, der Verfasser der vorliegenden Biographie, entwirft das Porträt eines Mannes, der die führenden Staatsmänner dieser Epoche persönlich kannte und dem es dennoch gelang, politisch neutral zu bleiben und sich ihre Sympathien zu erhalten. Als Privatmann erwarb sich Atticus nicht nur als Freund und »Verleger« Ciceros große Verdienste, sondern er fühlte sich ganz allgemein dem römischen Ideal der *humanitas* (umfassende Bildung und soziales Engagement) verpflichtet.

Um Ihnen die Arbeit mit den Texten zu erleichtern, sind wir folgendermaßen vorgegangen:
- Längere Sätze sind nach Sinneinheiten gesetzt.
- In der rechten Spalte sind die Vokabeln angegeben, die nicht Teil des Grundwortschatzes sind. Rot hervorgehoben sind die Wörter, die zum Aufbauwortschatz gehören oder andere Wörter, die mindestens dreimal vorkommen. Sie alle sind als Lernvokabeln gedacht und werden nur bei ihrem ersten Vorkommen aufgeführt. Am Ende des Heftes sind sie noch einmal alphabetisch zusammengestellt.
- Die in der Atticus-Vita genannten Personen sind in einem gesonderten Verzeichnis, S. 42 ff., aufgeführt. Dort finden sich auch weitere Informationen zu diesen Personen.
- Fragen und Aufgaben helfen, die Texte zu verstehen und zu erschließen.
- Die Abbildungen und Zusatztexte liefern Hintergrundinformationen, die einige der in den lateinischen Texten aufgeworfenen Fragen ergänzen und verdeutlichen.

Wenn Sie nach der Lektüre der hier versammelten Texte einen Einblick in die Persönlichkeit des Atticus und in die Rolle, die er in der ausgehenden römischen Republik gespielt hat, gewonnen haben, hat das Heft sein Ziel erreicht.

Inhalt

ISBN 978-3-525-71725-7

© 2009 Vandenhoeck & Ruprecht GmbH & Co. KG, Göttingen / www.v-r.de
Alle Rechte vorbehalten. Das Werk und seine Teile sind urheberrechtlich geschützt.
Jede Verwertung in anderen als den gesetzlich zugelassenen Fällen bedarf der vorherigen
schriftlichen Einwilligung des Verlages. Hinweis zu § 52a UrhG: Weder das Werk noch
seine Teile dürfen ohne vorherige schriftliche Einwilligung des Verlages öffentlich
zugänglich gemacht werden. Dies gilt auch bei einer entsprechenden Nutzung für Lehr-
und Unterrichtszwecke. Printed in Germany.
Gestaltung: Markus Eidt, Göttingen
Satz und Lithos: Dörlemann, Lemförde / Druck und Bindung: Hubert & Co., Göttingen

Gedruckt auf chlorfrei gebleichtem Papier.

Abbildungsnachweis: akg-images: 13, 17; Classical Numismatic Group, Inc.
www.cngcoins.com: 20; Museum of London: 26; Dieter Herberg: 27.

1 Familie und Erziehung

T. Pomponius Atticus,
ab origine ultima stirpis Romanae generatus,
perpetuo a maioribus acceptam equestrem obtinuit
dignitatem.
5 Patre usus est diligente, indulgente et,
ut tum erant tempora, diti
in primisque studioso litterarum.

Hic, prout ipse amabat litteras, omnibus doctrinis,
quibus puerilis aetas impertiri debet, filium erudivit.

10 Erat autem in puero praeter docilitatem ingenii
summa suavitas oris atque vocis,
ut non solum celeriter acciperet, quae tradebantur,
sed etiam excellenter pronuntiaret.

Qua ex re in pueritia nobilis inter aequales ferebatur
15 clariusque exsplendescebat,
quam generosi condiscipuli animo aequo ferre possent.
Itaque incitabat omnes studio suo, quo in numero fuerunt
L. Torquatus, C. Marius filius, M. Cicero:
Quos consuetudine sua sic devinxit,
20 ut nemo iis perpetuo fuerit carior.

---

origō, ginis *f.*: *hier*: Familie
ultimus: *hier*: uralt
stirps, stirpis *f.*: Stamm, Spross, Ursprung
generātus ab: abstammend von
perpetuō *Adv.*: ununterbrochen, auf Dauer
equester, tris, tre: Ritter-
dīligēns, ntis: *hier*: sparsam
indulgēns, ntis: nachsichtig, gütig
dītī: = dīvitī
in prīmīs: besonders
studiōsus + *Gen.*: sehr interessiert an
prout: so wie
doctrīna: Unterricht; Gelehrsamkeit; Wissenschaft
puerīlis, e: kindlich, knabenhaft
impertīre: bekannt machen
ērudīre: unterrichten
docilitās, tātis *f.*: Gelehrigkeit
summa suāvitās ōris atque vōcis: sehr schöne Aussprache und Intonation
trādere: *hier*: (im Unterricht) vermitteln
excellēns, ntis: hervorragend
prōnūntiāre: *hier*: vortragen
pueritia: Kindheit, Knabenalter
nōbilis ferrī: Ansehen genießen
aequālis, e: gleich(mäßig), gleichaltrig
exsplendēscere: leuchten, sich hervortun
generōsus: adlig, vornehm
condiscipulus: Mitschüler

dēvincīre, dēvinxī: an sich binden, für sich gewinnen

---

1 Vor dem Übersetzen: Welche Informationen erwarten Sie vom Anfang einer Lebensbeschreibung? Notieren Sie Stichpunkte.

2 Informieren Sie sich über die Bedeutung des römischen Ritterstandes (Z. 3) und bereiten Sie ein Kurzreferat vor.

3 Unter welchen Gesichtspunkten beschreibt der Autor die Kindheit und Jugend des Atticus?

4 (a) Welche Eigenschaften werden Atticus hier zugeschrieben? Zitieren Sie lateinisch. – (b) Erläutern Sie, wie die Mitschüler auf den Jungen reagieren.

5 Was fällt Ihnen an diesem Anfangskapitel inhaltlich auf? Vergleichen Sie Ihre Beobachtungen mit den zu Aufgabe 1 gemachten Stichpunkten und bewerten Sie den Befund.

Nepos: Leben und Werk

Cornelius Nepos wurde um das Jahr 100 v. Chr. in Oberitalien geboren. Wir kennen weder seinen Vornamen noch seinen Geburtsort noch sein genaues Todesjahr (er starb, wie Plinius der Ältere berichtet, während der Herrschaft des Augustus, also wohl nach 27 v. Chr.), und auch von seiner Familie wissen wir nur, dass sie zum Ritterstand gehörte. Wahrscheinlich zog es Nepos schon früh nach Rom, in das geistige und kulturelle Zentrum der damaligen Welt. Dort verkehrte er in literarisch interessierten Kreisen, traf hier auf den Dichter Catull, der ihm seine Gedichtsammlung zueignete (s. u.), und war mit Marcus und Quintus Cicero, dem bedeutenden Redner Hortensius sowie mit Marcus Ciceros Vertrauten Atticus befreundet. Diesem ist die hier vorliegende Biographie gewidmet. Daran ungewöhnlich ist, dass sie zu dessen Lebzeiten begonnen wurde.

Nepos hat nie ein höheres politisches Amt bekleidet, sondern lebte frei von finanziellen Sorgen ganz für seine Familie und seine Schriftstellerei.

Von seinem umfangreichen Werk ist nur wenig auf die Nachwelt gekommen. So sind etwa seine *Chronica* (Hauptereignisse der griechischen und römischen Geschichte), seine *Exempla* (eine Anekdotensammlung) und seine Gedichte verloren. Von seiner wichtigsten Schrift *De viris illustribus*, in der er z. B. ausländische und römische Könige, Heerführer, Redner, Historiker, Dichter und Grammatiker einander gegenüberstellt, sind nur das Buch über ausländische Feldherrn (darunter eine Hannibal-Biographie) und zwei Lebensbeschreibungen römischer Historiker – Cato der Ältere und Atticus – erhalten.

Catull 1,1 (Übers. O. Weinreich)

Cui dono lepidum novum libellum	Wem nur widme ich das nette neue Büchlein,
arida modo pumice expolitum?	das der trockene Bimsstein just geglättet?
Corneli, tibi: namque tu solebas	Dir, Cornelius! Denn du pflegtest was von
meas esse aliquid putare nugas,	meinen Sächelchen damals schon zu halten,
iam tum, cum ausus es unus Italorum	als dus wagtest – als erster Römer wagtest –
omne aevum tribus explicare cartis,	Weltgeschichte zu lehrn in dreien Bänden,
doctis, Iuppiter, et laboriosis.	hochgelehrten, bei Gott, und mühevollen!
quare habe tibi, quidquid hoc libelli,	Drum sei dein, was in diesem Büchlein drinsteht
qualecumque; quod, a patrona virgo,	und was dran ist. O gib, Schutzherrin Muse,
plus uno maneat perenne saeclo!	daß es länger als *ein* Jahrhundert daure!

Warum widmet Catull sein Gedichtbuch Nepos?

2 Atticus in Athen

Teil 1

Pater mature decessit.
Ipse adulescentulus propter affinitatem P. Sulpicii,
qui tribunus plebis interfectus est,
non expers fuit illius periculi:
5 Namque Anicia, Pomponii consobrina,
nupserat M. Servio, fratri Sulpicii.
Itaque interfecto Sulpicio,
posteaquam vidit Cinnano tumultu civitatem esse
    perturbatam
neque sibi dari facultatem pro dignitate vivendi,
10 quin alterutram partem offenderet,
dissociatis animis civium,
cum alii Sullanis, alii Cinnanis faverent partibus,
idoneum tempus ratus studiis obsequendi suis
Athenas se contulit.

15 Ac, ne illa peregrinatio
detrimentum aliquod afferret rei familiari,
eodem magnam partem fortunarum traiecit suarum.
Hic ita vixit,
ut universis Atheniensibus merito esset carissimus.
20 Nam praeter gratiam,
quae iam in adulescentulo magna erat,
saepe suis opibus inopiam eorum publicam levavit.
Auxit hoc officium alia quoque liberalitate:
Nam universos frumento donavit,
25 ita ut singulis seni modii tritici darentur,
qui modus mensurae medimnus Athenis appellatur.

Hic autem sic se gerebat,
ut communis infimis, par principibus videretur.
Quo factum est, ut huic omnes honores, quos possent,
30 publice haberent civemque facere studerent:
Quo beneficio ille uti noluit,
quod nonnulli ita interpretantur

Vokabelhilfen:

adulēscentulus: ganz junger Mann
affīnitās, tātis *f.*: Verwandtschaft
expers, expertis + *Gen.*: ohne
Anteil an, frei von
namque: denn
cōnsobrīna: Cousine
nūbere, nūpsī, nūptum + *Dat.*:
heiraten *(von der Frau aus gesehen)*
Cinnānus: des Cinna,
s. Personenverzeichnis

quīn: ohne dass
alteruter, alter(a)utra,
alter(um)utrum: einer von beiden
dissociāre: spalten, entzweien
Sullānus: des Sulla,
s. Personenverzeichnis
favēre, fāvī, fautum + *Dat.*: geneigt
sein, begünstigen
partēs, ium *f. Pl.*: Partei
obsequī: sich hingeben / widmen
Athēnae, ārum *f. Pl.*: Athen
peregrīnātiō, ōnis *f.*:
Auslandsaufenthalt
dētrīmentum: Schaden
eōdem *Adv.*: (eben)dorthin

Athēniēnsis, is *m.*: Athener;
athenisch
grātia: *hier*: Liebenswürdigkeit

officium: *hier*: Dienst
līberālitās, tātis *f.*: Freigebigkeit,
Güte
sēnī, ae, a: je sechs
modius: Scheffel *(Maßeinheit: 8,75 l)*
trīticum: Weizen
mēnsūra: Maß
medimnus: *Eigenname*

commūnis, e alicui: *hier*: freundlich
zu jmdm.

interpretārī: erklären, deuten,
übersetzen

amitti civitatem Romanam alia ascita.

Quamdiu adfuit, ne qua sibi statua poneretur, restitit,
35 absens prohibere non potuit.
Itaque aliquot ipsi effigies locis sanctissimis posuerunt:
Hunc enim in omni procuratione rei publicae
actorem auctoremque habebant.
Igitur primum illud munus fortunae,
40 quod in ea potissimum urbe natus est,
in qua domicilium orbis terrarum esset imperii,
ut eandem et patriam haberet et domum;

hoc specimen prudentiae, quod,
cum in eam se civitatem contulisset,
45 quae antiquitate, humanitate doctrinaque praestaret omnes,
unus ei fuerit carissimus.

alia: *erg.* cīvitāte
āscītum: *PPP von* āscīscere: annehmen
quamdiū: solange
effigiēs, ēī *f.*: Bild, Bildnis

prōcūrātiō, ōnis *f.*: (Verwaltungs-) Angelegenheit
āctōrem auctōremque habēre: als Beistand in Rat und Tat haben
mūnus fortūnae: *erg.* ei erat
quod: *faktisch*: dass
potissimum *Adv.*: hauptsächlich, gerade
domicilium: (Wohn-)Sitz
specimen, minis *n.*: Zeichen, Beweis
quod: *faktisch*: dass
antīquitās, tātis *f.*: Altertum, Alter
ūnus … cārus + *Dat.*: einzigartig beliebt bei
ei: = cīvitātī

1 Informieren Sie sich über die Konflikte zwischen Sulla und Marius (bzw. Cinna) und bereiten Sie ein Kurzreferat vor.

2 (a) Warum verlässt Atticus Rom? Zitieren Sie lateinisch. – (b) Bewerten Sie seinen Entschluss.

3 Suchen Sie aus dem Text (ab Z. 15) alle lateinischen Begriffe zum Sachfeld »Freigiebigkeit« heraus und ordnen Sie diese zu einer Mindmap.

4 (a) Wie verhält sich Atticus in Athen? Notieren Sie deutsche Schlagwörter und geben Sie an, auf welche Textstellen Sie sich dabei beziehen. – (b) Wie reagieren die Bürger auf Atticus' Verhalten und warum? Zitieren Sie lateinisch. – (c) Wie reagiert Atticus seinerseits auf die Vorhaben der Athener? Überlegen Sie sich mögliche Gründe.

5 Inwiefern ist Atticus in den Augen des Nepos ein »Glückskind« (Z. 39)? Teilen Sie seine Auffassung? Begründen Sie Ihre Meinung.

Die Akropolis in Athen.

Teil 2

Huc ex Asia Sulla decedens cum venisset,
quamdiu ibi fuit, secum habuit Pomponium,
captus adulescentis et humanitate et doctrina.

Sic enim Graece loquebatur, ut Athenis natus videretur;
5 tanta autem suavitas erat sermonis Latini,
ut appareret in eo nativum quendam leporem esse,
non ascitum.
Idem poemata pronuntiabat et Graece et Latine sic,
ut supra nihil posset addi.

10 Quibus rebus factum est,
ut Sulla (eum) nusquam ab se dimitteret
cuperetque secum deducere.
Qui cum persuadere tentaret,
»noli, oro te«, inquit Pomponius,
15 »adversum eos me velle ducere,
cum quibus ne contra te arma ferrem, Italiam reliqui.«
At Sulla adulescentis officio collaudato omnia munera ei,
quae Athenis acceperat, proficiscens iussit deferri.

Hic complures annos moratus,
20 cum et rei familiari tantum operae daret,
quantum non indiligens deberet pater familias,
et omnia reliqua tempora
aut litteris aut Atheniensium rei publicae tribueret,
nihilo minus amicis urbana officia praestitit.

25 Nam et ad comitia eorum ventitavit
et, si qua res maior acta est, non defuit.
Sicut Ciceroni in omnibus eius periculis
singularem fidem praebuit:
Cui ex patria fugienti
30 sestertia ducenta et quinquaginta milia donavit.

Tranquillatis autem rebus Romanis remigravit Romam,
ut opinor, L. Cotta L. Torquato consulibus:
Quem discedentem
35 sic universa civitas Atheniensium prosecuta est,
ut lacrimis desiderii futuri dolorem indicaret.

Asia: Kleinasien
hūc: = Athēnās

Graecus: griechisch
suāvitās, tātis *f.*: Charme
Latīnus: lateinisch
nātīvus: angeboren
lepor, ōris *m.*: Feinheit, Eleganz
ascītus: angelernt
poēma, matis *n.*: Gedicht
prōnūntiāre: *hier*: vortragen
suprā *Adv.*: darüber hinaus, mehr
nusquam *Adv.*: nirgendwo, nirgendwohin

dēdūcere: *erg.* Rōmam
tentāre: = temptāre

Italia: Italien
officium: *hier*: Pflichtbewusstsein, Verantwortungsgefühl
collaudāre: sehr loben

tantum operae dare + *Dat.*
quantum: etw. so sorgfältig verwalten wie
cum: *hier*: indem
indīligēns, ntis: nachlässig, sorglos
familiās: = familiae
nihilō minus: nichtsdestoweniger
urbānus: *hier*: in Rom
comitia, ōrum *n. Pl.*: Volks-, Wahlversammlung
ventitāre: oft kommen

sēstertia … mīlia:
250 000 Sesterze

tranquillāre: beruhigen
remigrāre: zurückkehren

prōsequī, sequor, secūtus sum: geleiten, das Geleit geben
dēsīderium: Sehnsucht
indicāre: anzeigen, verraten

1 (a) Was schätzt Sulla an Atticus? Notieren Sie die wichtigsten lateinischen Begriffe. – (b) Bewerten Sie Sullas Einstellung.

2 (a) Erläutern Sie Atticus' Ablehnung, Sulla nach Rom zu begleiten. – (b) Wie reagiert der Feldherr auf diese Ablehnung?

3 (a) Womit verbringt Atticus seine Zeit in Athen? Zitieren Sie lateinisch. – (b) Welches Bild entwirft Nepos an dieser Stelle von ihm?

4 Informieren Sie sich über die Situation Ciceros, auf die in Z. 29 angespielt wird, und bereiten Sie ein Kurzreferat vor.

5 Charakterisieren Sie die Umstände, unter denen Atticus nach Rom zurückkehrt.

Cicero über Atticus (*Epistulae ad Atticum* 1,17,5 f.; 61 v. Chr.)

Marcus Tullius Cicero, *Atticus-Briefe*. Lateinisch-Deutsch. Hrsg. und übers. von H. Kasten, Darmstadt 1990.

Mihi enim perspecta est et ingenuitas et magnitudo animi tui; neque ego inter me atque te quidquam interesse umquam duxi praeter voluntatem institutae vitae, quod me ambitio quaedam ad honorum studium, te autem alia minime reprehendenda ratio ad honestum otium duxit.

Vera quidem laude probitatis, diligentiae, religionis neque me tibi neque quemquam antepono, amoris vero erga me, cum a fraterno amore domesticoque discessi, tibi primas defero.

Vidi enim, vidi penitusque perspexi in meis variis temporibus et sollicitudines et laetitias tuas.

Fuit mihi saepe et laudis nostrae gratulatio tua iucunda et timoris consolatio grata.

Quin mihi nunc te absente non solum consilium, quo tu excellis, sed etiam sermonis communicatio, quae mihi suavissima tecum solet esse, maxime deest …

Ich kenne doch Deine Lauterkeit und Seelengröße, und den einzigen Unterschied zwischen Dir und mir habe ich von je nur in der Verschiedenheit unserer Lebensrichtung gesehen: Während mich ein gewisser Ehrgeiz trieb, die Laufbahn des Politikers zu ergreifen, hat Dich Deine andersgeartete Veranlagung, die ich deswegen durchaus nicht tadeln will, dazu geführt, in ehrenvoller Muße Dein Ideal zu suchen.
Was echte Vorzüge angeht, Rechtschaffenheit, Umsicht und Gewissenhaftigkeit, so stelle ich weder mich selbst noch sonst jemanden über Dich; aber erst in der Liebe zu mir gebe ich, abgesehen von der Liebe meines Bruders und meiner Familie, Dir den ersten Preis.
Gesehen habe ich ja, gesehen und tief empfunden, wie Du Dich bei den Wechselfällen meines Schicksals bald gesorgt und bald gefreut hast.
Mehr als einmal habe ich Deine lebhafte Anteilnahme an einem Erfolg als erfreulich, Deinen Zuspruch in Ängsten als wohltuend empfunden.
Und jetzt gar, wo Du fern bist, wie fehlt mir Dein guter Rat, den Du so trefflich zu erteilen weißt, wie sehr auch die persönliche Unterhaltung, die ich so gern mit Dir pflege …

1 Wodurch unterscheiden sich Cicero und Atticus und was haben sie gemeinsam?

2 Entwerfen Sie ein Porträt des Atticus aus der Sicht Ciceros.

3 Verwandte und Freunde

Habebat avunculum Q. Caecilium, equitem Romanum,
familiarem L. Luculli, divitem, difficillima natura:
Cuius sic asperitatem veritus est, ut,
quem nemo ferre posset,
5 huius sine offensione ad summam senectutem
retinuerit benevolentiam.
Quo facto tulit pietatis fructum.
Caecilius enim moriens testamento adoptavit eum
heredemque fecit ex dodrante:
10 Ex qua hereditate accepit circiter centiens sestertium.

avunculus: Onkel
(mütterlicherseits)
asperitās, tātis *f.*: schroffes Wesen
quem … posset: *gehört hinter* huius
offēnsiō, ōnis *f.*: Anstoß, Ärger,
Missstimmung
benevolentia: Wohlwollen
pietās, pietātis *f.*: *hier*:
respektvolles Verhalten
testāmentum: Testament
adoptāre: adoptieren
hērēs, hērēdis *m./f.*: Erbe/Erbin
ex dōdrante: zu drei Vierteln des
Vermögens
hērēditās, tātis *f.*: Erbschaft
circiter *Adv.*: ungefähr
centiēns sēstertium:
10 000 000 Sesterze

Erat nupta soror Attici Q. Tullio Ciceroni,
easque nuptias M. Cicero conciliaverat,
cum quo a condiscipulatu vivebat coniunctissime,
multo etiam familiarius quam cum Quinto,
15 ut iudicari possit
plus in amicitia valere similitudinem morum quam
affinitatem.

nūptiae, ārum *f. Pl.*: Hochzeit
conciliāre: sich geneigt machen;
zustande bringen, vermitteln
condiscipulātus, ūs *m.*:
gemeinsame Schulzeit
coniūnctus: verbunden, vereint;
befreundet, nahestehend
plūs *Adv.*: mehr
similitūdō, dinis *f.*: Ähnlichkeit
mōrēs, mōrum *m. Pl.*: Charakter
intimē ūtī aliquō: mit jmdm. sehr
eng befreundet sein
prīncipātus, ūs *m.*: erste Stelle,
Vorrang
ēloquentia: Beredsamkeit

Utebatur autem intime Q. Hortensio,
qui iis temporibus principatum eloquentiae tenebat,
ut intellegi non posset,
20 uter eum plus diligeret, Cicero an Hortensius:
Et, id quod erat difficillimum, efficiebat, ut
inter (eos,) quos tantae laudis esset aemulatio,
nulla intercederet obtrectatio
essetque talium virorum copula.

aemulātiō, ōnis *f.*: Wetteifer,
Rivalität
intercēdere, cessī, cessum:
dazwischentreten, (inzwischen)
eintreten
obtrectātiō, ōnis *f.*: Missgunst,
Eifersucht
essetque: *erg.* Atticus
cōpula: (Freundschafts-)Band

1 Erstellen Sie Satzbilder zu Z. 3–6 und Z. 11–16.
2 Erläutern Sie, worin Atticus' *pietas* (Z. 7) hier besteht.
3 Wodurch zeichnet sich nach der Darstellung des Nepos das Verhältnis des Atticus zu Caecilius und zu seinen Freunden aus? Berücksichtigen Sie dabei auch Text 2, Teil 2, Z. 25–30.

Quintus und Pomponia

Aus einem Brief des Marcus Cicero an Atticus (Epistulae ad Atticum 1,5,2):

Quod ad me scribis de sorore tua, testis erit tibi ipsa,
quantae mihi curae fuerit,
ut Quinti fratris animus in eam esset is, qui esse deberet.
Quem cum esse offensiorem arbitrarer,
5 eas litteras ad eum misi, quibus et placarem ut fratrem
et monerem ut minorem et obiurgarem ut errantem.
Itaque ex iis, quae postea saepe ab eo ad me scripta sunt,
confido ita esse omnia, ut et oporteat et velimus.

offēnsior, ōris: ziemlich verärgert
plācāre: besänftigen
obiūrgāre: kritisieren

ut: *hier:* wie

1 Erstellen Sie ein Satzbild zu Z. 1–3.
2 Beschreiben Sie die Situation: Wer hat wem vermutlich was geschrieben?
3 Welches Verhältnis haben die einzelnen Personen zueinander?
4 Entwerfen Sie auf Deutsch eine Antwort des Atticus.

Freundschaft (Cicero, *De officiis* 1,54 und 56)

Sanguinis autem coniunctio et benevolentia
devincit homines ex caritate.
Nihil autem est amabilius nec copulatius
quam morum similitudo bonorum;
5 in quibus enim eadem studia sunt, eaedem voluntates,
in iis fit,
ut aeque quisque altero delectetur ac se ipso,
efficiturque id, quod Pythagoras vult in amicitia,
ut »unus fiat ex pluribus«.

coniūnctiō, ōnis *f.*: Verbindung
dēvincīre: fesseln, verbinden
cāritās, tātis *f.*: Liebe, Zuneigung
amābilis, e: liebenswürdig
cōpulātus: gewinnend

aequē ... ac: genauso ... wie

1 Was kennzeichnet laut Cicero eine verwandtschaftliche bzw. eine freundschaftliche Beziehung?
2 Nehmen Sie Stellung zu der Definition des Pythagoras.

4 Der Staatsbürger

In re publica ita est versatus,
ut semper optimarum partium et esset et
    existimaretur
neque tamen se civilibus fluctibus committeret,
quod non magis eos in sua potestate existimabat esse,
5 qui se his dedissent, quam (eos,) qui maritimis
    iactarentur.
Honores non petivit,
cum ei paterent propter vel gratiam vel dignitatem,
quod neque peti more maiorum neque capi possent
conservatis legibus in tam effusi ambitus
    largitionibus
10 neque geri e re publica sine periculo
corruptis civitatis moribus.

Ad hastam publicam numquam accessit.
Nullius rei neque praes neque manceps factus est.

Neminem neque suo nomine neque subscribens
    accusavit,
15 in ius de sua re numquam iit, iudicium nullum
    habuit.
Multorum consulum praetorumque praefecturas
    delatas
sic accepit,
ut neminem in provinciam sit secutus,
honore fuerit contentus,
20 rei familiaris despexerit fructum:

Qui ne cum Quinto quidem Cicerone voluerit
    ire in Asiam,
cum apud eum legati locum obtinere posset.
Non enim decere se arbitrabatur,
cum praeturam gerere noluisset, asseclam esse
    praetoris.
25 Qua in re non solum dignitati serviebat,
sed etiam tranquillitati,
cum suspiciones quoque vitaret criminum.
Quo fiebat, ut eius observantia omnibus esset carior,
cum eam officio, non timori neque spei tribui
    viderent.

---

optimae partēs, optimārum partium *f. Pl.*: (Partei der) Optimaten
cīvīlēs fluctūs, cīvīlium fluctuum *m. Pl.*: Wogen der Politik

maritimus: See-, Meeres-

petī … neque capī: *erg.*: honōrēs

in tam effūsī ambitūs largītiōnibus: angesichts der so weit verbreiteten Intrigen und Wahlbestechungen
gerī: *erg.* honōrēs possent
ē rē pūblicā: im Interesse des Staates
hasta: Versteigerung *(des konfiszierten Vermögens von Verbannten oder Geächteten)*
praes, praedis *m.*: Bürge
manceps, cipis *m.*: Steuerpächter, Unternehmer
subscrībēns: als Nebenkläger

iūdicium: *hier*: Prozess

praefectūra: Präfektur *(Stelle in der Provinzverwaltung)*

contentus: zufrieden
dēspicere, iō, spēxī, spectum: herabsehen; verachten; verzichten auf
frūctus, ūs *m. hier*: Gewinn, Zugewinn

nē … quidem: nicht einmal
Asia: Kleinasien

decet: es gehört/schickt sich
sē: *Subjektsakk. zu* esse
assecla, ae *m.*: Begleiter

tranquillitās, tātis *f.*: Ruhe

eius observantia: Wertschätzung von seiner Seite
officium: *hier*: Höflichkeit
spēs, speī *f.: hier*: Berechnung

1 Erstellen Sie ein Satzbild zu Z. 1–5.
2 Gliedern Sie den Text und geben Sie den einzelnen Abschnitten Überschriften.
3 Suchen Sie aus dem Text alle lateinischen Begriffe zum Sachfeld »Politik/Verwaltung« heraus und ordnen Sie diese zu einer Mindmap.
4 (a) Charakterisieren Sie Atticus als Staatsbürger. Zitieren Sie lateinisch. – (b) Bewerten Sie Atticus' Einstellung.

Optimaten und Popularen

Nach einer Definition Ciceros (*Pro P. Sestio oratio* 96 ff. und 136 ff.) waren die Optimaten, die sich selbst als »die Besten« bezeichneten, die Gutgesinnten und Vernünftigen aller gesellschaftlichen Stände, die für die traditionelle Staatsordnung und deren Ideale eintraten. Sie befürworteten einen mächtigen Senat und wollten als Konservative die Monopolstellung der Patrizier erhalten. Ihnen gegenüber stehen die Popularen, die »Volksfreunde«; sie wollten – wieder nach der Darstellung Ciceros – durch ihre Worte und Taten dem Volk gefallen. Auch sie waren von ihrer sozialen Herkunft Senatoren, betonten aber, dem Wohle des Volkes (z.B. durch Land- und Getreideverteilung) zu dienen.
Die Optimaten und Popularen sind nicht mit unseren modernen Parteien zu vergleichen, insofern als sie nicht offiziell organisiert waren und auch kein bestimmtes Parteiprogramm vertraten. Was sie einte, war eine grundsätzliche politische Überzeugung – die sich aber auch ändern konnte, wenn die persönlichen Interessen berührt waren.

Laut Text 4 war Atticus ein Anhänger der Optimaten. Warum könnte er dieser politischen Richtung den Vorzug gegeben haben? Begründen Sie Ihre Meinung.

Fresko von Cesare Maccari, das Cicero im Senat zeigt, wie er Catilina anklagt.

5 Zwischen Caesar und Pompeius

Incidit Caesarianum civile bellum,
cum haberet annos circiter sexaginta.
Usus est aetatis vacatione
neque se quoquam movit ex urbe.

5 Quae amicis suis opus fuerant
ad Pompeium proficiscentibus,
omnia ex sua re familiari dedit,
ipsum Pompeium coniunctum non offendit.

Nullum ab eo habebat ornamentum, ut ceteri,
10 qui per eum aut honores aut divitias ceperant:
Quorum partim invitissimi castra sunt secuti,
partim summa cum eius offensione domi remanserunt.

Attici autem quies tantopere Caesari fuit grata,
ut victor, cum privatis pecunias per epistulas imperaret,
15 huic non solum molestus non fuerit,
sed etiam sororis filium et Q. Ciceronem
ex Pompei castris concesserit.
Sic vetere instituto vitae effugit nova pericula.

---

incidere, cidī, –: in etwas geraten; sich ereignen
Caesariānus: mit Caesar
sexāgintā *unveränderlich*: 60
aetātis vacātiō, ōnis *f.*: Dienstbefreiung aus Altersgründen
quōquam *Adv.*: irgendwohin
quae alicui opus sunt: was jmd. nötig hat/braucht

nōn offendit: *obwohl sich Atticus nicht Pompeius anschloss*
ōrnāmentum: Auszeichnung, Privileg

partim … partim: teils … teils
remanēre, mānsī, –: zurückbleiben, zu Hause bleiben

tantopere *Adv.*: so sehr
pecūniae, ārum *f. Pl.*: Kontributionen
huic … molestus nōn fuit: er ließ ihn unbehelligt
ex Pompēī castrīs: = quī in Pompēī castrīs fuissent
concēdere, cessī, cessum: *hier*: begnadigen
īnstitūtum: Prinzip, Devise

---

1 Informieren Sie sich über die Gründe und den Verlauf des Bürgerkrieges zwischen Caesar und Pompeius und bereiten Sie ein Kurzreferat vor.
2 (a) In welchem Konflikt befindet sich Atticus und wie löst er ihn? – (b) Nehmen Sie Stellung.
3 Wie reagieren Pompeius und Caesar auf Atticus' Verhalten? Zitieren Sie die zentralen Stellen.
4 Erläutern Sie den letzten Satz.

Soll man sich politisch engagieren?

Seneca, *De otio* 3,2 f.

Duae maxime et in hac re dissident
sectae Epicureorum et Stoicorum.
Epicurus ait: »Non accedet ad rem publicam sapiens,
nisi si quid intervenerit.«
5 Zenon ait: »Accedet ad rem publicam,
nisi si quid impediverit.«

Alter otium ex proposito petit, alter ex causa.
Causa autem illa late patet:
Si res publica corruptior est, quam ut adiuvari possit,
10 si obscurata est malis,
non nitetur sapiens in supervacuum.
Si parum habebit auctoritatis aut virium,
si valetudo illum impediet,
sic ad iter, quod inhabile sciet, non accedet.

dissidēre: unterschiedlicher Meinung sein
secta: philosophische Schule
Epicūrēī, ōrum *m. Pl.*: Anhänger Epikurs, Epikureer
Stōicī, ōrum *m. Pl.*: Stoiker
intervenīre, vēnī, ventum: dazwischenkommen

prōpositum: Vorsatz, Vorhaben
lātē patēre: weit gefasst sein
corruptus: verdorben, schlecht

obscūrāre: verdunkeln
malum: Übel
in supervacuum: vergeblich

inhabilis, e: ungangbar

1 (a) Vergleichen Sie die politischen Einstellungen der Epikureer und Stoiker. – (b) Was bedeuten die beiden Bilder? Recherchieren Sie im Internet.
2 Zitieren Sie (auf Lateinisch) die Gründe, die einen Verzicht auf eine politische Tätigkeit rechtfertigen.
3 Welcher der beiden philosophischen Schulen scheint Atticus zuzuneigen? Begründen Sie Ihre Ansicht.

Säulengang

Philosophengarten

6 Atticus und Brutus

Secutum est illud tempus occiso Caesare,
cum res publica penes Brutos videretur esse et
    Cassium
ac tota civitas se ad eos convertisse videretur.
Sic M. Bruto usus est,
5 ut nullo ille adulescens aequali familiarius quam
    hoc sene
neque solum eum principem consilii haberet,
sed etiam in convictu.
Excogitatum est a quibusdam,
ut privatum aerarium Caesaris interfectoribus
10 ab equitibus Romanis constitueretur.
Id facile effici posse arbitrati sunt,
si principes eius ordinis pecunias contulissent.
Itaque appellatus est a C. Flavio, Bruti familiari,
    Atticus,
ut eius rei princeps esse vellet.
15 At ille,
qui officia amicis praestanda sine factione existimaret
semperque a talibus se consiliis removisset, respondit:
Si quid Brutus de suis facultatibus uti voluisset,
    usurum,
quantum eae paterentur,
20 sed neque cum quoquam de ea re collocuturum
neque coiturum.
Sic ille consensionis globus
huius unius dissensione disiectus est.

Neque multo post superior esse coepit Antonius,
25 ita ut Brutus et Cassius destituta tutela provinciarum,
quae iis dicis causa datae erant a consule,
desperatis rebus in exilium proficiscerentur.
Atticus,
qui pecuniam simul cum ceteris conferre noluerat
30 florenti illi parti, abiecto Bruto Italiaque cedenti
sestertia centum milia muneri misit.
Eidem in Epiro absens trecenta iussit dari,
neque eo magis potenti adulatus est Antonio
neque desperatos reliquit.

---

penes + *Akk.*: in der Gewalt von
Brūtiī, ōrum *m. Pl.*: die
Caesarmörder M. und D. Iūnius
Brūtus
convertere, vertī, versum: wenden
familiārius: *erg.* ūterētur

prīnceps, cipis cōnsiliī *m.*: *hier*:
Ratgeber
convīctus, ūs *m.*: geselliger Umgang
excōgitāre: ausdenken, auf den
Gedanken kommen
aerārium: Kasse

facile *Adv.*: leicht

appellāre: *hier*: auffordern

factiō, ōnis *f.*: *hier*: Parteinahme
sē removēre, mōvī, mōtum: sich
distanzieren
facultās, tātis *f.*: *hier*: (finanzielle)
Mittel
ūsūrum, quantum eae patērentur:
er könne sie in voller Höhe
ausschöpfen
collocūtūrum neque coitūrum: *erg.* sē
coīre, eō, iī, itum:
zusammenkommen
cōnsēnsiōnis globus: Klub der
Befürworter
dissēnsiō, ōnis *f.*: Widerspruch,
Ablehnung
disiectus: *PPP zu* disicere:
zerschlagen
post *Adv.*: später
tūtēlam prōvinciārum dēstituere,
stituī, stitūtum: Ämter nicht antreten
dicis causā: nur zum Schein
pars, partis *f.*: *hier*: Partei
abiectus: kaltgestellt
sēstertia centum mīlia:
100 000 Sesterze
Ēpīrus, ī *f.*: *griechische Landschaft*
trecenta (mīlia): 300 000
adūlārī alicui: jmdm. schmeicheln,
vor jmdm. kriechen
dēspērātus: Verlierer

1 Suchen Sie aus dem Text alle lateinischen Begriffe zum Sachfeld »Geld/Vermögen« heraus und ordnen Sie diese zu einer Mindmap.
2 Warum weigert sich Atticus, der Aufforderung des Flavius nachzukommen? Notieren Sie auch den lateinischen Schlüsselsatz.
3 Welche Charakterzüge des Atticus werden in diesem Text besonders hervorgehoben?

Nach Caesars Ermordung

Nachdem Caesar an den Iden des März 44 v. Chr. von Männern wie Cassius und den Brüdern Marcus und Decimus Brutus ermordet worden war – sie hatten das autoritäre Regime Caesars beseitigen und die Freiheit wiederherstellen wollen –, kam der Beifall der Massen schnell wieder zum Erliegen. Als Marcus Antonius, der in diesem Jahr mit Caesar zusammen Konsul war, das Volk über das Testament Caesars informierte, das an seine Taten erinnerte und den Römern große Schenkungen in Aussicht stellte, mussten die Verschwörer die Hauptstadt verlassen, um nicht gelyncht zu werden. Die Folge war ein weiterer schlimmer Bürgerkrieg, der schließlich den Untergang der Republik besiegelte und eine neue Staatsform, den Prinzipat, herbeiführte.

Antonius und Octavianus standen sich zunächst im Kampf um die Macht als Feinde gegenüber. So war es z. B. im Krieg um Mutina, in dem der Caesar-Erbe siegreich war, woraufhin Antonius – zum Staatsfeind erklärt – Italien vorübergehend verlassen musste. Später aber verbündeten sich die beiden, gingen gemeinsam gegen die Caesarmörder Brutus und Cassius vor, die in den Provinzen ein Freiwilligenheer von Republikanern gesammelt hatten, und trugen in der Schlacht bei Philippi im Jahre 42 v. Chr. den Sieg davon.

Schon ein Jahr zuvor hatten sich Antonius, Octavianus und Lepidus zu einem Machtbündnis, einem sog. Triumvirat, zusammengeschlossen und ließen ihre Gegner erbarmungslos verfolgen. Diesen Proskriptionen fiel auch Cicero, der prominenteste Vertreter der Senatsaristokratie, zum Opfer.

Caesars Ermordung. Ölgemälde von Karl Theodor von Piloty, 1865. Landesmuseum Hannover.

7 Atticus und Antonius

Teil 1

Secutum est bellum gestum apud Mutinam.
In quo si tantum eum prudentem dicam,
minus, quam debeam, praedicem,
cum ille potius divinus fuerit,
5 si divinatio appellanda est perpetua naturalis bonitas,
quae nullis casibus agitur neque minuitur.

Mutina: *Stadt in Oberitalien (vgl. Informationstext, S. 17)*
sī: *erg.* Atticum
prūdēns, ntis: klug
minus *Adv.*: weniger
praedicāre: preisen; behaupten
potius *Adv.*: lieber, eher
dīvīnus: *hier*: weitsichtig
dīvīnātiō, ōnis *f.*: Sehergabe, Weitsicht
nātūrālis, e: natürlich, angeboren
bonitās, tātis *f.*: Güte, Redlichkeit
agere: *hier*: erschüttern

Hostis Antonius iudicatus Italia cesserat:
Spes restituendi nulla erat.
Non solum inimici, qui tum erant potentissimi et
    plurimi,
10 sed etiam (ii,) qui adversariis eius se dabant
et in eo laedendo
aliquam consecuturos sperabant commoditatem,
Antonii familiares insequebantur,
uxorem Fulviam omnibus rebus spoliare cupiebant,
15 liberos etiam exstinguere parabant.
Atticus, cum Ciceronis intima familiaritate uteretur,
amicissimus esset Bruto,
non modo nihil iis indulsit ad Antonium violandum,
sed e contrario familiares eius ex urbe profugientes,
20 quantum potuit, texit, quibus rebus indiguerunt,
    adiuvit.

restituere: rehabilitieren

sē dare: sich anschließen

commoditās, tātis *f.*: Vorteil
īnsequī: *hier*: verfolgen

familiāritās, tātis *f.*: Freundschaft
nihil *Adv.*: keineswegs
indulgēre, dulsī, dultum: nachgeben; gewähren
ē contrāriō: im Gegenteil
profugere, iō, fūgī, –: fliehen
quantum *Adv.*: soviel, soweit
indigēre, indiguī, –, + *Abl.*: Mangel haben an, brauchen

Publio vero Volumnio ea tribuit,
ut plura a parente proficisci non potuerint.
Ipsi autem Fulviae,
cum litibus distineretur magnisque terroribus
    vexaretur,
25 tanta diligentia officium suum praestitit,
ut nullum illa stiterit vadimonium sine Attico,
Atticus sponsor omnium rerum fuerit.
Quin etiam,
cum illa fundum secunda fortuna emisset in diem
30 neque post calamitatem versuram facere potuisset,

proficīscī: *hier*: gegeben werden

līs, lītis *f.*: Streit, Rechtsstreit
distinēre: in Anspruch nehmen
terror, terrōris *m.*: Schrecken, Angst
nūllum vadimōnium sistere, stitī: niemals vor Gericht erscheinen
spōnsor, ōris *m.*: Bürge
quīn: ja sogar
fundus: Grundstück, Landgut
in diem: unter Vereinbarung eines festen Zahlungstermins
versūram facere: sich ein Darlehen besorgen

ille se interposuit pecuniamque sine faenore
sineque ulla stipulatione credidit,
maximum existimans quaestum
memorem gratumque cognosci
35 simulque aperire se non fortunae,
sed hominibus solere esse amicum.
Quae cum faciebat,
nemo eum temporis causa facere poterat existimare:
Nemini enim in opinionem veniebat
40 Antonium rerum potiturum.
Sed sensim is a nonnullis optimatibus reprehendebatur,
quod parum odisse malos cives videretur.
Ille autem, sui iudicii, potius, quid se facere par esset,
intuebatur, quam quid alii laudaturi forent.

sē interpōnere, posuī: sich einschalten
faenus, oris *n.*: Zinsen
stipulātiō, ōnis *f.*: Vertrag
crēdere, crēdō, crēdidī: *hier*: leihen
quaestus, ūs *m.*: Erwerb, Gewinn
memor, memoris: *hier*: erkenntlich
aperīre + *A.c.i.*: zeigen, beweisen

temporis causā: aus Opportunismus
rērum potīrī: an die Macht gelangen
sēnsim *Adv.*: allmählich
optimātēs, ium *m.*: Optimaten, Aristokraten

suī iūdiciī: *erg.* vir
intuērī, tueor, tuitus sum: betrachten, bedenken, berücksichtigen

1 Wie charakterisiert Nepos das Verhalten des Atticus während des Krieges bei Mutina (Z. 1–6)? Zitieren Sie lateinisch.

2 Atticus – Cicero – Brutus – Antonius: Welche Beziehung besteht jeweils zwischen diesen Personen? Welches Problem stellt sich für Atticus?

3 Auf welche Weise unterstützt Atticus Fulvia und welches sind seine Motive?

4 Inwiefern entspricht Atticus' Verhalten der Aussage des Nepos in Z. 1–6 (vgl. Aufgabe 1)?

Fulvia, die erste historische Frau, die in Rom auf Münzen abgebildet wurde.

Teil 2

Conversa subito fortuna est.
Ut Antonius rediit in Italiam,
nemo non magno in periculo Atticum putaverat
propter intimam familiaritatem Ciceronis et Bruti.
5   Itaque ad adventum imperatorum de foro
        decesserat,
timens proscriptionem, latebatque apud
        P. Volumnium,
cui, ut ostendimus, paulo ante opem tulerat

– tanta varietas iis temporibus fuit fortunae,
ut modo hi, modo illi in summo essent aut fastigio
        aut periculo –
10 habebatque secum Q. Gellium Canum,
aequalem simillimumque sui.

Hoc quoque sit Attici bonitatis exemplum,
quod cum eo, quem puerum in ludo cognoverat,
adeo coniuncte vixit,
15 ut ad extremam aetatem amicitia eorum creverit.

Antonius autem, etsi tanto odio ferebatur in
        Ciceronem,
ut non solum ei,
sed etiam omnibus eius amicis esset inimicus
eosque vellet proscribere multis hortantibus,
20 tamen Attici memor fuit officii et ei,
cum requisivisset, ubinam esset, sua manu scripsit,
ne timeret statimque ad se veniret:
se eum et illius causa Canum
de proscriptorum numero exemisse.
25 Ac ne quod periculum incideret, quod noctu fiebat,
praesidium ei misit.
Sic Atticus in summo timore non solum sibi,
sed etiam ei, quem carissimum habebat, praesidio
        fuit.
Neque enim suae solum a quoquam auxilium
        petivit salutis,
30 sed coniuncti,
ut appareret nullam seiunctam sibi ab eo velle
        fortunam.
Quodsi gubernator praecipua laude fertur,

---

ad: *zeitlich*
imperātōrum: *die Triumvirn
Octavianus, Antonius und Lepidus (vgl.
Informationstext, S. 17)*
prōscrīptiō, ōnis *f.*: Ächtung,
Proskription
ut ostendimus: *s. Text 7, Teil 1, Z. 21*
ante *Adv.*: vorher
varietās, tātis *f.*: Buntheit,
Wechselhaftigkeit
modo … modo: bald … bald
fastīgium: Spitze, Gipfel

suī: *Genitiv des Reflexivpronomens*

quod: *faktisch*: dass
adeō *Adv.*: so sehr

etsī: wenn auch

prōscrībere, scrīpsī, scrīptum: ächten
memor, memoris: eingedenk
ubinam: wo(denn)

eximere, ēmī, ēmptum:
herausnehmen, beseitigen

ut appārēret … sibi … velle:
dass er offensichtlich … für sich
wünschte
sēiungere, iūnxī, iūnctum: trennen
quodsī: wenn nun/aber
gubernātor, ōris *m.*: Steuermann
praecipuus: außerordentlich

qui navem ex hieme marique scopuloso servat,
cur non singularis eius existimetur prudentia,
35 qui ex tot tamque gravibus procellis civilibus
ad incolumitatem pervenit?

hiems, hiemis *f.*: *hier*: Sturm
scopulōsus: felsig, klippenreich
tot: so viele
procella: Sturm; Aufruhr, Unruhe
incolumitās, tātis *f.*:
Unverletztheit, Unversehrtheit

1 Wie reagiert Atticus auf Antonius' Rückkehr nach Italien? Belegen Sie Ihre Feststellungen am Text.
2 Informieren Sie sich über die Praxis der Proskriptionen und referieren Sie darüber.
3 (a) Charakterisieren Sie Atticus' Verhältnis zu Volumnius und Gellius Canus. – (b) Wie beurteilt Nepos Atticus' Beziehung zu dem Letztgenannten?
4 Wie verhält sich Antonius Atticus gegenüber und welches sind seine Beweggründe? Lesen Sie dazu auch noch einmal Text 7.
5 Erstellen Sie Satzbilder zu Z. 5–11 und Z. 16–24.
6 Erläutern Sie den Vergleich in Z. 32 ff.
7 Gegen welchen Verdacht scheint Nepos am Ende des Textes Atticus in Schutz nehmen zu wollen?

Münzabbildungen zum Zweiten Triumvirat aus dem *Thesaurus antiquitatum*, 1557.

8 Helfer in der Not

Quibus ex malis ut se emersit, nihil aliud egit,
quam ut plurimis, quibus rebus posset, esset auxilio.
Cum proscriptos praemiis imperatorum vulgus
    conquireret,
nemo in Epirum venit, cui res ulla defuerit:
5 Nemini non ibi perpetuo manendi potestas
    facta est.
Difficile est omnia persequi et non necessarium.
Illud unum intellegi volumus
illius liberalitatem neque temporariam neque
    callidam fuisse.
Id ex ipsis rebus ac temporibus iudicari potest,
10 quod non florentibus se venditavit,
sed afflictis semper succurrit:

Qui quidem Serviliam, Bruti matrem,
non minus post mortem eius quam florentem
    coluerit.
Sic liberalitate utens nullas inimicitias gessit,
15 quod neque laedebat quemquam neque,
    si quam iniuriam acceperat,
non malebat oblivisci quam ulcisci.
Idem immortali memoria percepta retinebat
    beneficia;
(ea,) quae autem ipse tribuerat, tam diu meminerat,
20 quoad ille gratus erat, qui acceperat.
Itaque hic fecit, ut vere dictum videatur:
Sui cuique mores fingunt fortunam hominibus.
His igitur rebus effecit, ut M. Vipsanius Agrippa,
intima familiaritate coniunctus adulescenti Caesari,
25 cum propter suam gratiam et Caesaris potentiam
nullius condicionis non haberet potestatem,
potissimum eius deligeret affinitatem
praeoptaretque equitis Romani filiam
    generosarum nuptiis.

Atque harum nuptiarum conciliator fuit
30 – non est enim celandum –
M. Antonius, triumvir rei publicae constituendae.

Glossar:

malum: Übel
sē ēmergere, ēmersī: auftauchen
quibus rēbus posset: auf jede nur denkbare Weise
imperātōrum: *die oben genannten Triumvirn*
Ēpīrus, ī *f.*: griech. Landschaft
vēnit: = effūgit

persequī: *hier*: aufzählen

temporārius: opportunistisch
callidus: schlau, berechnend

quod: *faktisch*: dass
flōrēns, ntis: einflussreich, glücklich
sē venditāre: sich einzuschmeicheln versuchen
afflīgere, flīxī, flīctum: niederschlagen, peinigen
succurrere, currī, cursum: zu Hilfe eilen

inimīcitiae, ārum *f. Pl.*: Feindschaft

ulcīscī, ulcīscor, ultus sum: rächen
perceptum: *PPP zu* percipere: empfangen

quoad: solange als/bis

suī cuique mōrēs: der Charakter, der jedem eigen ist

Caesar: = Octāviānus

nūllīus condiciōnis nōn habēre potestātem: die Möglichkeit haben, in die besten Kreise hineinzuheiraten
praeoptāre: lieber wollen, vorziehen
generōsārum nūptiae, ārum *f. Pl*: Heirat mit einer Frau aus dem Adel
conciliātor, ōris *m.*: Vermittler
cēlāre: verheimlichen
triumvir reī pūblicae cōnstituendae: Mitglied des Verfassungsausschusses; *so lautet der offizielle Titel der drei Mitglieder des 43 v.Chr. geschlossenen Triumvirats*

Cuius gratia cum augere possessiones posset suas,
tantum abfuit a cupiditate pecuniae,
ut nulla in re usus sit ea
35 nisi in deprecandis amicorum aut periculis aut incommodis.
Quod quidem sub ipsa proscriptione perillustre fuit.

Nam cum L. Saufei equitis Romani, aequalis sui,
qui complures annos studio ductus philosophiae
habitabat Athenis habebatque in Italia pretiosas possessiones,
40 triumviri bona vendidissent
consuetudine ea, qua tum res gerebantur,
Attici labore atque industria factum est,
ut eodem nuntio Saufeius fieret certior
se patrimonium amisisse et recuperavisse.

45 Quod in praesenti utrum ei laboriosius an gloriosius fuerit,
difficile est iudicare, quod in eorum periculis
non secus absentes quam praesentes amicos
Attico esse curae cognitum est.

---

posset: *erg.* Atticus
possessiō, ōnis *f.*:
Besitz(tum); Grundstück
suās: *des Atticus*
eā: = grātiā
dēprecārī: abwenden
incommodum: Nachteil
perillūstris, e: sehr
angesehen/
verdienstvoll
philosophia: Philosophie
pretiōsus: wertvoll,
kostbar
triumvir, virī *m.*:
Triumvir
bonum: das Gute; Gut
industria: Einsatz,
Engagement; Fleiß
certiōrem facere, iō, fēcī,
factum: benachrichtigen,
informieren
patrimōnium: Vermögen
recuperāre:
wiederbekommen
in praesentī: damals
labōriōsus: mühsam,
mühevoll
glōriōsus: ruhmvoll
secus *Adv.*: anders,
weniger

---

1 Wem und in welcher Form lässt Atticus in diesem Text seine Hilfe zukommen? Notieren Sie Stichworte.
2 Was ist laut Nepos das Besondere an der *liberalitas* (Z. 8 und 14) des Atticus?
3 (a) Erläutern Sie die Aussage Z. 22 im Textzusammenhang. – (b) Stimmen Sie prinzipiell zu? Begründen Sie Ihre Meinung.
4 (a) Warum wählt sich Agrippa Atticus' Tochter zur Frau (Z. 23 ff.)? – (b) Nehmen Sie Stellung zu seinen Motiven.
5 Beschreiben Sie das Verhältnis zwischen Antonius und Atticus.
6 Zu den Texten 6–8: Charakterisieren Sie Atticus' Verhalten während des nach Caesars Tod einsetzenden Bürgerkriegs und nehmen Sie Stellung.

9 Der Hausherr

Teil 1

Neque vero ille vir minus bonus pater familias
habitus est quam civis.
Nam cum esset pecuniosus,
nemo illo minus fuit emax, minus aedificator.
5 Neque tamen non in primis bene habitavit
omnibusque optimis rebus usus est.
Nam domum habuit in colle Quirinali
    Tamphilianam,
ab avunculo hereditate relictam,
cuius amoenitas non aedificio, sed silva
    constabat:
10 Ipsum enim tectum antiquitus constitutum
plus salis quam sumptus habebat:
In quo nihil commutavit,
nisi si quid vetustate coactus est.

Usus est familia, si utilitate iudicandum est,
    optima,
15 si forma, vix mediocri.
Namque in ea erant pueri litteratissimi,
anagnostae optimi et plurimi librarii,
ut ne pedisequus quidem quisquam esset,
qui non utrumque horum pulchre facere posset;
20 pari modo artifices ceteri,
quos cultus domesticus desiderat, apprime boni
    (erant).

Neque tamen horum quemquam
nisi domi natum domique factum habuit:
Quod est signum non solum continentiae,
25 sed etiam diligentiae.
Nam et non intemperanter concupiscere,
quod a plurimis videas, continentis debet duci,
et potius diligentia quam pretio parare
non mediocris est industriae.
30 Elegans, non magnificus, splendidus, non
    sumptuosus:

Omnisque diligentia munditiam,
non affluentiam affectabat.

familiās: = familiae
pecūniōsus: wohlhabend, reich
emāx, ācis: kauflustig
aedificātor, ōris: baulustig

neque … habitāvit: dennoch wohnte er
sehr gut
optimae rēs, optimārum rērum *f. Pl.:*
Komfort
collis Quirīnālis, collis Quirīnālis *m.:*
Quirinal *(einer der sieben Hügel Roms)*
Tamphiliānus: des Tamphilus
amoenitās, tātis *f.:* Reiz, Charme
aedificium: Gebäude
tēctum: Dach; Haus
antīquitus *Adv.:* vor langer Zeit
cōnstituere: *hier:* bauen
sāl, salis *m.:* Salz; Geschmack
sūmptus, ūs *m.: hier:* Luxus
commūtāre: verändern
vetustās, tātis *f.:* Alter
ūtilitās, tātis *f.:* Nutzen, Vorteil

litterātus: (wissenschaftlich) gebildet
anagnōstēs, ae *m.:* Vorleser
librārius: Schreiber, Kopist
pedisequus: Diener, Lakai

artifex, ficis *m.:* Künstler; Handwerker
cultus, ūs *m.:* Pflege; Verehrung;
Lebensart
domesticus: häuslich; einheimisch
apprīmē *Adv.:* besonders, sehr

factus: *hier:* erzogen
continentia: Selbstbeherrschung,
Mäßigkeit, Zurückhaltung

intemperanter *Adv.:* maßlos
concupīscere: begehren
continentis: *Gen. poss.*
continēns, ntis: maßvoll, zurückhaltend
parāre: *hier:* zu etwas kommen
ēlegāns, ntis: wählerisch, geschmackvoll
māgnificus: hochherzig; großartig;
prachtliebend, prahlerisch
splendidus: glänzend, brillant
sūmptuōsus: verschwenderisch
munditia: Eleganz
affluentia: Fülle, Überfluss
affectāre: erstreben

Supellex modica, non multa,
ut in neutram partem conspici posset.

35 Nec praeteribo, quamquam nonnullis leve visum
      iri putem:
Cum in primis lautus esset eques Romanus
et non parum liberaliter
domum suam omnium ordinum homines invitaret,
scimus non amplius quam terna milia aeris
40 peraeque in singulos menses
ex ephemeride eum expensum sumptui ferre solitum.
Atque hoc non auditum, sed cognitum praedicamus:
Saepe enim propter familiaritatem
domesticis rebus interfuimus.

supellex, supellectilis *f.*: Hausrat
neuter, tra, trum: keiner von
beiden
cōnspicī: *hier*: auffallen
praeterībō: *erg.* haec
vīsum īrī: *Inf. Fut. von* vidērī
lautus: vornehm
līberālis, e: freigebig, großzügig
domum suam: *Richtungsakkusativ*
invītāre: einladen
scīmus … solitum: wissen wir,
dass er, wie aus seinem
Wirtschaftsbuch hervorgeht, als
Lebenshaltungskosten
regelmäßig jeden Monat nur
3000 Sesterze verbuchte
audītum … cōgnitum: *prädikativ*

1 Suchen Sie aus dem Text alle lateinischen Begriffe zu den Sachfeldern »Wohnen« und
»Haushaltsführung« heraus und ordnen Sie diese zu zwei Mindmaps.

2 Charakterisieren Sie (a) die Lebensweise und (b) das »häusliche Personal« des Atticus. Zitieren Sie lateinisch.

3 (a) Was macht nach der Darstellung des Nepos einen *bonus pater
familias* (Z. 1) aus? Belegen Sie Ihre
Ausführungen am Text. – (b) Was
gehört für Sie zu einem *bonus
pater familias*?

So könnte es auch bei Atticus
ausgesehen haben. Rekonstruierte
römische Küche, Museum of London.

Teil 2

Nemo in convivio eius aliud acroama audivit
quam anagnosten,
quod nos quidem iucundissimum arbitramur;
neque umquam sine aliqua lectione
5 apud eum cenatum est,
ut non minus animo quam ventre convivae delectarentur:
Namque eos vocabat,
quorum mores a suis non abhorrerent.

Cum tanta pecuniae facta esset accessio,
10 nihil de cottidiano cultu mutavit,
nihil de vitae consuetudine,
tantaque usus est moderatione,
ut neque in sestertio viciens, quod a patre acceperat,
parum se splendide gesserit
15 neque in sestertio centiens affluentius vixerit,
quam instituerat,
parique fastigio steterit in utraque fortuna.
Nullos habuit hortos,
nullam suburbanam aut maritimam sumptuosam villam,

20 neque in Italia, praeter Arretinum et Nomentanum,
rusticum praedium,
omnisque eius pecuniae reditus constabat
in Epiroticis et urbanis possessionibus.

Ex quo cognosci potest
25 usum eum pecuniae non magnitudine,
sed ratione metiri solitum.

---

convīvium: Gastmahl, Bankett
acroāma, matis *n.*: Vortragender
anagnōsten: *Akk. zu* anagnōstēs: Vorleser
umquam *Adv.*: jemals
lēctiō, ōnis *f.*: Lesung
cēnāre: speisen
venter, tris *m.*: Leib, Bauch
convīva, ae *m.*: Gast
vocāre: = invītāre
abhorrēre ab, horruī, –: zurückschrecken vor, nicht passen zu
accessiō, ōnis *f.*: Zuwachs, Vermehrung

moderātiō, ōnis *f.*: Mäßigung, Maßhalten
in sēstertiō vīciēns: mit 2 000 000 Sesterzen
sē gerere, gessī, gestum: sich verhalten, leben
in sēstertiō centiēns: mit 10 000 000 Sesterzen
affluentius *Adv.*: üppiger
īnstituere: anfangen
parī fastīgiō stare: den gleichen Standard beibehalten
hortus: Garten
suburbānus: in der Nähe der Stadt (Rom) gelegen
sūmptuōsus: teuer
Arrētīnus: bei Arretium *(Stadt in Etrurien)*
Nōmentānus: bei Nomentum *(Ort nordöstlich von Rom)*
rūsticus: ländlich, bäuerlich
praedium: Landgut
reditus, ūs *m.*: Einkommen, Einkünfte
Ēpīrōticus: in Epirus *(Landschaft in Nordgriechenland)*
urbānus: städtisch, zur Stadt Rom gehörig
nōn māgnitūdine, sed ratiōne mētīrī: nicht nach der Menge/Höhe, sondern nach dem Nutzen beurteilen
solitum: *erg.* esse

1 (a) Was kennzeichnet die von Atticus gegebenen Bankette? – (b) Was kennzeichnet die Leute, die Atticus zum Essen einlädt? Notieren Sie jeweils die zentralen Begriffe.
2 Suchen Sie aus dem Text alle lateinischen Begriffe zum Sachfeld »Geld« heraus und ordnen Sie diese zu einer Mindmap.
3 Wie begründet Nepos Atticus' *moderatio* (Z. 12)?
4 Von welchen Einkünften lebt Atticus? Zitieren Sie lateinisch.
5 Erläutern Sie den letzten Satz.

Eine *Villa rustica* bei Stabiae am Golf von Neapel.

10 Charaktereigenschaften

Teil 1

Mendacium neque dicebat neque pati poterat.
Itaque eius comitas non sine severitate erat
neque gravitas sine facilitate, ut difficile esset intellectu,
utrum eum amici magis vererentur an amarent.
5 Quidquid rogabatur, religiose promittebat,
quod non liberalis, sed levis arbitrabatur polliceri (id),
quod praestare non posset.

Idem in tenendo (eo), quod semel adnuisset,
tanta erat cura,
10 ut non mandatam, sed suam rem videretur agere.
Numquam suscepti negotii eum pertaesum est:

Suam enim existimationem in ea re agi putabat,
qua nihil habebat carius.
Quo fiebat, ut omnia Ciceronum, M. Catonis,
     Q. Hortensii,
15 A. Torquati, multorum praeterea equitum Romanorum
negotia procuraret.
Ex quo iudicari poterat non inertia,
sed iudicio fugisse rei publicae procurationem.

mendācium: Lüge, Täuschung
cōmitās, tātis *f.*: Freundlichkeit, Leutseligkeit
sevēritās, tātis *f.*: Ernst, Strenge
facilitās, tātis *f.*: Umgänglichkeit, Nachsicht
intellēctū: *Supinum II*: zu erkennen
quidquid: was auch immer
līberālis ... arbitrārī: es für ein Zeichen von Großzügigkeit halten

semel *Adv.*: einmal
adnuere, nuī, –: zunicken; zusagen, gewähren
mandātus: *hier*: fremd
eum pertaesum est alicuius reī: er war einer Sache überdrüssig

exīstimātiō, ōnis *f.*: Urteil, Meinung; Ansehen

Cicerōnēs, um *m. Pl.*: Marcus und Quintus Cicero
praetereā *Adv.*: außerdem
prōcūrāre: besorgen, tätigen

inertia: Trägheit
iūdiciō: aus Prinzip
prōcūrātiō, ōnis *f.* reī pūblicae: Übernahme politischer Ämter

1 Welche Eigenschaft des Atticus wird in dieser Passage besonders herausgehoben und wie wirkt sie sich auf sein Umfeld aus?
2 Kommentieren Sie Z. 11 ff. und nehmen Sie Stellung.
3 Gegen welchen möglichen Vorwurf will Nepos Atticus Z. 17 f. in Schutz nehmen? Vgl. auch Text 4.

Teil 2

Humanitatis vero nullum afferre maius testimonium possum,
quam quod adulescens idem seni Sullae fuit iucundissimus,
senex adulescenti M. Bruto,
cum aequalibus autem suis Q. Hortensio et M. Cicerone
5 sic vixit, ut iudicare difficile sit, cui aetati fuerit aptissimus.
Quamquam eum praecipue dilexit Cicero,
ut ne frater quidem ei Quintus carior fuerit aut familiarior.
Ei rei sunt indicio praeter eos libros,
in quibus de eo facit mentionem, qui in vulgus sunt editi,
10 undecim volumina epistularum,
ab consulatu eius usque ad extremum tempus
ad Atticum missarum:
Quae qui legat,
non multum desideret historiam contextam eorum
        temporum.
15 Sic enim omnia de studiis principum, vitiis ducum,
mutationibus rei publicae perscripta sunt,
ut nihil in eis non appareat et facile existimari possit
prudentiam quodam modo esse divinationem.

Non enim Cicero ea solum, quae vivo se acciderunt,
20 futura praedixit, sed etiam (ea), quae nunc usu veniunt,
cecinit ut vates.

---

quamquam: hier: freilich

mentiō, ōnis *f.*:
Erwähnung; Erinnerung
ūndecim *unveränderlich*:
elf
volūmen, inis *n.*: Band

historia, ae *f.* Geschichte
contextus: fortlaufend,
systematisch

mūtātiō, ōnis *f.*: Wechsel,
Veränderung
perscrībere, scrīpsī,
scrīptum: genau
aufzeichnen/berichten
dīvīnātiō, ōnis *f.*:
Sehergabe, Weitsicht
vīvō sē: *nominaler Abl. abs.*
futūra, ōrum *n. Pl.*:
(künftige) Entwicklungen
praedīcere, dīxī, dictum:
voraussagen
ūsū venīre: sich ereignen
canere, cecinī, –: singen;
verkünden
vātēs, is *m.*: Weissager,
Seher

---

1 (a) Worin besteht laut Nepos Atticus' *humanitas*? – (b) Stimmen Sie seiner Einschätzung zu? Warum (nicht)?

2 Charakterisieren Sie Ciceros Verhältnis zu Atticus. Belegen Sie Ihre Aussagen am Text.

3 (a) Recherchieren Sie, auf welche Schriften Ciceros Nepos hier anspielt (Z. 8 f.). – (b) Was zeichnet die Briefsammlung (Z. 10 ff.) aus? Zitieren Sie lateinisch. – (c) Vergleichen Sie die hier gegebene Beschreibung der Briefsammlung mit einer Beurteilung dieser Briefe in einer modernen Literaturgeschichte. Was fällt Ihnen auf?

Teil 3

De pietate autem Attici quid plura commemorem?
Cum (eum) hoc ipsum vere gloriantem audiverim
in funere matris suae, quam extulit annorum
     nonaginta,
cum ipse esset septem et sexaginta,
5 se numquam cum matre in gratiam redisse,
numquam cum sorore fuisse in simultate,
quam prope aequalem habebat.

Quod est signum
aut nullam umquam inter eos querimoniam
     intercessisse
10 aut hunc ea fuisse in suos indulgentia,
ut, quos amare deberet, irasci eis nefas duceret.

Neque id fecit natura solum,
quamquam omnes ei paremus,
sed etiam doctrina:
15 Nam principum philosophorum ita percepta habuit
     praecepta,
ut iis ad vitam agendam, non ad ostentationem
     uteretur.

Glossar (rechte Spalte):

pietās, tātis *f.*: *hier*: Zuneigung zu den Angehörigen
cum … audīverim: ~ nam audīvī
glōriantem: *davon abhängig der A.c.i.*
sē … redīsse … fuisse
glōriārī: sich rühmen
efferre, efferō, extulī, ēlātum: zu Grabe tragen
nōnāgintā *unveränderlich*: 90
sexāgintā *unveränderlich*: 60
in grātiam redīre, redeō, rediī, reditum: sich wieder versöhnen
simultās, tātis *f.*: Rivalität, Feindschaft
prope *Adv.*: fast, beinahe
querimōnia: Klage, Beschwerde
indulgentia: Nachsicht, Güte
īrāscī, īrātus sum + *Dat.*: zornig sein auf
nefās *nicht deklinierbar*: Frevel, Gottlosigkeit

prīnceps, prīncipis: *hier*: angesehenster, bedeutendster
philosophus: Philosoph
perceptum, am, um habēre: verinnerlicht haben
ostentātiō, ōnis *f.*: Prahlerei, Zurschaustellung

---

1 Suchen Sie aus dem Text alle lateinischen Begriffe zum Sachfeld »zwischenmenschliche Beziehungen« heraus und ordnen Sie diese zu einer Mindmap.

2 Erläutern Sie *numquam in gratiam redire* (Z. 5): Wieso ist das etwas Positives?

3 Wie beschreibt Atticus sein Verhältnis zu seiner Familie?

4 Wie erklärt sich Nepos dieses Verhältnis? Notieren Sie die lateinischen Schlüsselwörter.

5 Nehmen Sie zu dem in dieser Passage vorgestellten »Familienklima« kritisch Stellung.

Die Biographie als literarische Gattung

Nepos ist nicht der erste Römer, der Biographien schrieb, aber er ist unsere älteste Quelle für diese literarische Gattung, deren Hauptvertreter später Sueton (etwa 70–140 n.Chr.) mit seinen Kaiserviten sein wird. Eine Besonderheit der Atticus-Vita ist die Tatsache, dass Nepos den Porträtierten persönlich sehr gut kannte: Dies verleiht seiner Darstellung ein hohes Maß an Glaubwürdigkeit, lässt aber auch vermuten, dass er Atticus mit den Augen eines Freundes gesehen hat. Zumindest ist es auffällig, dass Atticus keine Fehler gehabt zu haben scheint.

Während der Geschichtsschreiber bestrebt ist, historische Fakten darzustellen und zu erläutern, will der Biograph einen Lebenslauf schildern, wobei das geschichtliche Umfeld deutlich in den Hintergrund tritt und eher eine illustrative Funktion besitzt.

Die Biographie ist im Vergleich mit der Historiographie eine weniger angesehene und künstlerisch weniger anspruchsvolle Form der Literatur, was sich auch in Sprache und Stil niederschlägt. So ist die Ausdrucksweise des Nepos zwar klassisch, aber selten rhetorisch durchgeformt, manchmal ist sie auch umgangssprachlich und sogar ein wenig nachlässig. »Im Ganzen ist die Schreibart entspannt, wie es dem unpolitischen Leben und reifen Alter des Autors entspricht« (M. v. Albrecht, *Geschichte der römischen Literatur*, Bd. 1., München [2]1994, S. 386).

In seiner Beschreibung hält sich der Biograph naturgemäß erst einmal an die Chronologie »von der Wiege bis zur Bahre« und berichtet von den äußeren Ereignissen, die dieses Leben prägten. Gleichzeitig versucht er, den Charakter der beschriebenen Person, ihre Taten und Leistungen sowie ihre Vorzüge und Fehler zum Ausdruck kommen zu lassen. Im Idealfall – das ist die auf den Griechen Aristoteles (4. Jahrhundert v.Chr.) zurückgehende und in Plutarch (gest. nach 120 n.Chr.) ihren Höhepunkt findende Tradition – wird die Entwicklung des Protagonisten im Wechselspiel mit den (angeborenen) Wesensmerkmalen und den für ihn positiven oder negativen Lebensumständen nachgezeichnet. Doch nur die besten Biographen vermögen dies zu leisten. Weniger geschickte Autoren geben zwischendurch das zeitliche Prinzip auf und wählen sich bestimmte Stichpunkte (z.B. »charakterliche Mängel«), unter denen sie dann, ohne Rücksicht auf die Chronologie und jeweiligen Umstände, passende Beispiele abhandeln, was den Entwicklungsgedanken natürlich völlig außer Acht lässt. Auch Nepos bedient sich – in seinen Feldherren-Viten, aber auch im *Atticus* – zuweilen dieses Gliederungsverfahrens.

Dennoch gilt die Atticus-Vita als sein bestes Werk: »Alles ist neu an dieser Biographie: der Entwurf zu Lebzeiten, die Ergänzung nach der Vollendung des Lebens, der Sinn für biographisches Detail ebenso wie das Aufspüren letzter Grundsätze und Haltungen, das Finden der Mitte eines exemplarischen Lebens« (K. Büchner, *Römische Literaturgeschichte*, Stuttgart 1962, S. 274).

11 Schriftstellerei

Moris etiam maiorum summus imitator fuit
antiquitatisque amator,
quam adeo diligenter habuit cognitam,
ut eam totam in eo volumine exposuerit,
5 quo magistratus ordinavit.
Nulla enim lex neque pax neque bellum
neque res illustris est populi Romani,
quae non in eo suo tempore sit notata;
et, quod difficillimum fuit,
10 sic familiarum originem subtexuit,
ut ex eo clarorum virorum propagines
possimus cognoscere.
Fecit hoc idem separatim in aliis libris,
ut M. Bruti rogatu Iuniam familiam
15 a stirpe ad hanc aetatem ordine enumeraverit,
notans,
qui a quoque ortus
quos honores quibusque temporibus cepisset:
Pari modo Marcelli Claudii de Marcellorum,
Scipionis Cornelii et Fabii Maximi Fabiorum et
Aemiliorum,
20 quibus libris nihil potest esse dulcius iis,
qui aliquam cupiditatem habent notitiae clarorum
virorum.
Attigit quoque poëticen, credimus,
ne eius expers esset suavitatis.

Namque versibus (eos),
25 qui honore rerumque gestarum amplitudine
ceteros Romani populi praestiterunt, exposuit ita,
ut sub singulorum imaginibus facta magistratusque
eorum
non amplius quaternis quinisque versibus
descripserit:
Quod vix credendum sit
30 tantas res tam breviter potuisse declarari.
Est etiam unus liber Graece confectus,
de consulatu Ciceronis.

imitātor, ōris *m.*: Nachahmer
amātor, ōris *m.*: Liebhaber
volūmen, minis *n.*: Buch, Schriftrolle
magistrātūs ōrdināre: Reihenfolge
der Beamten auflisten

in eō: *erg.* volūmine
suō tempore: zeitlich korrekt
notāre: auf-, verzeichnen

subtexere, texuī: einfügen
prōpāginēs, ginum *f. Pl.*:
Stammbäume

sēparātim *Adv.*: gesondert
rogātus, ūs *m.*: Bitte
Iūnius: iunisch
ōrdine ēnumerāre: der Reihe nach
aufzählen

Marcellī Claudiī: *erg.* rogātū
dē Marcellōrum: *erg.* familiā
Scīpiōnis Cornēliī et Fabiī Maximī:
erg. rogātū
Fabiōrum et Aemiliōrum:
= dē Fabiōrum et Aemiliōrum
familiīs
nōtitia: Kenntnis, Wissen
attingere, attigī aliquid: sich
befassen/beschäftigen mit etw.
poēticen: *Akk. Sg. von* poēticē, ēs *f.*:
Dichtkunst, Poesie
suāvitās, tātis *f.*: Zauber

rēs gestae, rērum gestārum *f. Pl.*:
Taten
amplitūdō, dinis *f.*: Größe, Ansehen
amplius *Adv.*: mehr
quaternī, ae, a: je vier
quīnī, ae, a: je fünf
dēscrībere, dēscrīpsī: beschreiben,
schildern
quod: *relativ. Anschluss*
crēdendum sit: *Potentialis*

1 Geben Sie auf Latein die Motive an, die Atticus bei seiner schriftstellerischen Tätigkeit leiten.
2 Was sind seine thematischen Schwerpunkte? Zitieren Sie lateinisch.
3 Was vebindet die in Z. 14–19 genannten Personen und Familien?
4 (a) Welches Interesse haben die Auftraggeber des Atticus an ihren Vorfahren? – (b) Warum befassen sich heutzutage manche Leute mit Ahnenforschung? – (c) Interessieren Sie selbst sich für die Geschichte Ihrer Familie? Warum (nicht)?

Römischer Ahnenkult

»Wenn sie ihn dann beigesetzt [...] haben, stellen sie das Bild des Verstorbenen in einem tempelartigen Gehäuse aus Holz an dem Platz im Hause auf, wo man es am besten sehen kann. Das Bild ist eine Maske, die in ihrer Form und Farbe dem Antlitz des Toten in hohem Maße ähnlich ist [...] und wenn ein angesehenes Mitglied der Familie gestorben ist, führen sie (diese Bilder) im Leichenzug mit und setzen sie denen auf, die ihrer Größe und Statur nach dem betreffenden Verstorbenen besonders ähnlich zu sein scheinen. [...] Diese eben genannten Leute fahren nun auf Wagen; vorweg werden Rutenbündel (*fasces*), Beile und die übrigen Amtsinsignien getragen entsprechend dem Rang, den der Verstorbene im Staat eingenommen hat. Wenn sie zu den Rostra gekommen sind, nehmen alle nacheinander auf elfenbeinernen Sesseln Platz. [...] Wenn der Redner seine Rede über den, der beigesetzt werden soll, beendet hat, beginnt er, über die anderen, deren Masken da sind, zu sprechen, indem er bei dem Ältesten anfängt, und erwähnt die Erfolge und Taten eines jeden. Während so der Ruhm, den die bedeutenden Männer durch ihre Vorzüge erlangt haben, immer wieder erneuert wird, wird der Ruhm derer, die etwas Bedeutendes geleistet haben, unsterblich gemacht, und das Ansehen derer, die dem Vaterland gute Dienste erwiesen haben, wird dem Volk bekannt und der Nachwelt weitergegeben. Vor allem werden die jungen Leute dazu angespornt, alles für das Gemeinwesen auf sich zu nehmen, um sich den Ruhm zu erwerben, der bedeutenden Männern folgt.«
Übers. K.-F. Eisen in: Polybios, *Historien*, Stuttgart 1973, S. 63f. (Polyb. 6,53,4–54,3).

1 Welche Funktion schreibt Polybios den Masken der Verstorbenen zu?
2 Nennen Sie Gemeinsamkeiten zwischen Polybios' Ausführungen und Text 11.

Statue eines Römers mit zwei Ahnenbüsten. Der sog. »Brutus Barberini« trägt in der rechten Hand die Büste des Großvaters, in der linken die des Vaters. Rom, Konservatorenpalast.

Antikes Buchwesen

Die Kunst des Buchdrucks, die mechanische Vervielfältigung von Schriftwerken, wurde erst im 15. Jahrhundert von Johannes Gutenberg erfunden. Vorher musste ein Manuskript, das einem größeren Publikum zugänglich gemacht werden sollte, von Hand abgeschrieben werden. Da es kein Urheberrecht (und auch keine Autorenhonorare) gab, konnte jeder Interessent seinen eigenen Sekretär oder auch professionelle Kopisten mit dieser Aufgabe betrauen. Dass diese Abschriften oft sehr fehlerhaft waren, versteht sich von selbst.

Atticus, der »Verleger« Ciceros, legte großen Wert auf qualitätvolle Bücher. Deshalb ließ er die zuvor bereits auf ihre Korrektheit geprüften Texte in mehreren Sälen einer Vielzahl von Sklaven diktieren und die Kopien noch einmal korrigieren, bevor sie an die Auftraggeber oder auch an Buchhandlungen ausgeliefert wurden.

Ein römisches »Buch« (griech. *biblion*) war kein Buch im modernen Sinn, sondern eine Papyrusrolle, hergestellt aus dem in Streifen geschnittenen, getrockneten und geglätteten Mark der ägyptischen Papyrusstaude (von Papyrus sind übrigens das deutsche »Papier« und das englische »paper« abgeleitet). Diese Streifen wurden auf- und aneinandergeklebt und konnten zu bis zu 10 m langen Rollen verarbeitet werden. Ihre Höhe schwankte meist zwischen 20 und 30 cm. Wenn ein Werk wie Vergils *Aeneis* etwa aus zwölf Büchern bestand, bedeutete dies, dass es zwölf Papyrusrollen umfasste.

Beschrieben wurden die Rollen mit schwarzer oder roter Tinte in Spalten von links nach rechts – und so wurden sie auch gelesen: indem man sie mit der linken Hand festhielt und mit der rechten aufrollte. Die fertiggelesene Kolumne wurde sofort wieder (mit der linken Hand) eingerollt. Wegen dieses Rollens wird ein römisches Buch auch als *volumen* (»Wälzer«) bezeichnet. Zur besseren Handhabung war die Rolle um einen Stab gewickelt, der mit einem Knopf versehen war. Ein herabhängender kleiner Streifen, *titulus*, nannte den Autor und den Werktitel. Aufbewahrt wurden die Rollen in meist hölzernen Behältern oder einem Regal, der sog. Biblio-Theke.

Der Plan für den ersten Bau einer Bibliothek stammt von Caesar. Weil dieser ermordet wurde, konnte der Plan aber nicht mehr von ihm selbst, sondern erst von seinem Gefolgsmann Asinius Pollio im Jahre 39 v. Chr. in die Tat umgesetzt werden. Später ließ Augustus auf dem Palatin eine Doppelbibliothek – mit einer griechischen und einer römischen Abteilung – errichten.

Buchhandlungen, in denen Neuerscheinungen und natürlich auch ältere Bücher angeboten wurden, gab es nicht nur in Rom, sondern auch in der Provinz (was einen gut organisierten Buchhandel voraussetzte). So war z. B. der Autor Plinius sehr erstaunt und erfreut, als er um das Jahr 100 n. Chr. erfuhr, dass es seine Bücher sogar in Lugdunum, dem heutigen Lyon, zu kaufen gebe …

Papyrusstauden (botanischer Name: *Cyperus papyrus*). Die Stängel, in denen das Mark sitzt, sind im Querschnitt eher dreieckig als rund.

Der sog. Herakles-Papyrus, ein griechisches Manuskript, das ein Gedicht über die Arbeiten des Herakles enthält und auf das 3. Jh. n. Chr. datiert wird. Die Illustrationen sind eher simpel als kunstvoll und zeigen, wie Herakles den Nemëischen Löwen tötet. Manche Papyri, die im trockenen Wüstensand gefunden wurden, haben sich bestens erhalten, wären aber unter anderen klimatischen Bedingungen verrottet. Dieses Exemplar befindet sich heute in der Sackler Library in Oxford.

12 Die Beziehung zu Octavian und Antonius

Haec hactenus Attico vivo edita a nobis sunt,
nunc, quoniam fortuna nos superstites ei esse
    voluit,
reliqua persequemur et, quantum poterimus,
rerum exemplis lectores docebimus,
5 sicut supra significavimus,
suos cuique mores plerumque conciliare fortunam.

Namque hic contentus ordine equestri, quo erat
    ortus,
in affinitatem pervenit imperatoris, Divi filii,
cum iam ante familiaritatem eius esset consecutus
10 nulla alia re quam elegantia vitae,
qua ceteros ceperat principes civitatis
dignitate pari, fortuna humiliores.
Tanta enim prosperitas Caesarem est consecuta,
ut nihil ei non tribuerit fortuna, quod cuiquam
    ante detulerit,
15 et conciliaverit,
quod nemo adhuc civis Romanus quivit consequi.
Nata est autem Attico neptis ex Agrippa,
cui virginem filiam collocaverat.
Hanc Caesar vix anniculam Ti. Claudio Neroni,
20 Drusilla nato, privigno suo, despondit:
Quae coniunctio necessitudinem eorum sanxit,
familiaritatem reddidit frequentiorem.

Quamvis ante haec sponsalia
non solum, cum ab urbe abesset,
25 numquam ad suorum quemquam litteras misit,
quin Attico mitteret, quid ageret,
in primis quid legeret
quibusque in locis et quamdiu esset moraturus;
sed etiam, cum esset in urbe
30 et propter infinitas suas occupationes
minus saepe, quam vellet, Attico frueretur,
nullus dies temere intercessit,
quo non ad eum scriberet,

---

hāctenus *Adv.*: bis hierher, bis zu
diesem Punkt
Atticō vīvō: *Abl. abs.*
superstes, stitis: überlebend
lēctor, ōris *m.*: Leser
suprā *Adv.*: oben
sīgnificāre: *hier*: behaupten, erklären
suōs … fortūnam: *vgl. Text 8,
Z. 22*
plērumque *Adv.*: meistens
conciliāre aliquid: den Ausschlag
geben für
adhūc *Adv.*: bisher
imperātōris: *gemeint ist Octavianus*
Dīvī: *Gen. zu* filiī
Dīvus: *erg.* Iūlius: = Caesar
fīlius: *hier*: Adoptivsohn
ēlegantia vītae: Lebensstil
dīgnitāte pārī: *im Vergleich zu
Octavianus*
prosperitās, tātis *f.*: Glück
Caesar: *gemeint ist Octavianus*
ante *Adv.*: vorher
conciliāre: *hier*: verschaffen, gewähren
quīre, quīvī: können
neptis, is *f.*: Enkelin
collocāre alicui: verheiraten mit
anniculus: einjährig
nātus: = fīlius
prīvīgnus: Stiefsohn
dēspondēre alicui: verloben mit
jmdm.
necessitūdō, dinis *f.*: Verwandtschaft,
Freundschaft
sancīre, sānxī, sānctum: heiligen,
bekräftigen

quamvīs *m. Ind.*: obwohl
spōnsālia, ōrum *n. Pl.*: Verlobung
mitteret: *erg.* litterās
quid ageret: *erg. vorher*: und ihm
mitteilte

cum *m. Konj. hier*: wenn
īnfīnītus: unendlich, unzählig
occupātiō, ōnis *f.*: Beschäftigung

cum modo aliquid de antiquitate ab eo requireret,
35 modo aliquam quaestionem poeticam ei proponeret,
interdum iocans eius verbosiores eliceret epistulas.

quaestiō, ōnis f.: Frage,
Untersuchung
poēticus: poetisch, die
Dichtkunst betreffend
interdum Adv.: manchmal
iocārī: scherzen
verbōsus: wortreich,
ausführlich
ēlicere, iō, licuī, licitum:
hervor-, entlocken
colere: hier: beehren
accūrātus: genau, ausführlich

Neque vero a M. Antonio minus absens litteris colebatur,
adeo ut accurate ille ex ultimis terris,
quid ageret, quid curae sibi haberet,
40 certiorem faceret Atticum.

Hoc quale sit, facilius existimabit is, qui iudicare poterit,
quantae sit sapientiae eorum retinere usum
        benevolentiamque,
inter quos maximarum rerum non solum aemulatio,
sed obtrectatio tanta intercedebat,
45 quantam fuit incidere necesse
inter Caesarem atque Antonium,
cum se uterque principem non solum urbis Romae,
sed orbis terrarum esse cuperet.

Hoc quāle sit: Was das
bedeutet
eōrum: bezieht sich auf ūsum
und benevolentiam
ūsus, ūs m.: hier:
freundschaftlicher Umgang
aemulātiō, ōnis f.: Wetteifer,
Rivalität
obtrectātiō, ōnis f.:
Missgunst, Eifersucht
quantam … necesse: wie es
unvermeidbar war

1 Gliedern Sie den Text und geben Sie den Abschnitten jeweils eine Überschrift.
2 (a) Was will Nepos in den jetzt folgenden Ausführungen nachweisen? Zitieren Sie lateinisch. – (b) Wie beweist er seine These? Notieren Sie Stichpunkte.
3 Erstellen Sie Satzbilder zu Z. 23–28, Z. 37–40 und Z. 41–48.
4 (a) Worin besteht Atticus' *sapientia* (Z. 42)? – (b) Teilen Sie die Einschätzung des Nepos?
Warum (nicht)?

13 Das Ende des Atticus

Teil 1

Tali modo cum septem et septuaginta annos
    complevisset

atque ad extremam senectutem

non minus dignitate quam gratia fortunaque crevisset

– multas enim hereditates

5 nulla alia re quam bonitate consecutus est –

tantaque prosperitate usus esset valetudinis,

ut annis triginta medicina non indiguisset,

nactus est morbum,

quem initio et ipse et medici contempserunt:

10 Nam putaverunt esse tenesmon,

cui remedia celeria faciliaque proponebantur.

In hoc cum tres menses sine ullis doloribus,

praeterquam eos, quos ex curatione capiebat,

consumpsisset,

15 subito tanta vis morbi in imum intestinum prorupit,

ut extremo tempore per lumbos fistulae puris
    eruperint.

Atque hoc priusquam ei accideret,

postquam in dies dolores accrescere

febresque accessisse sensit,

20 Agrippam generum ad se accersi iussit

et cum eo L. Cornelium Balbum Sextumque
    Peducaeum.

Hos ut venisse vidit, in cubitum innixus

»quantam«, inquit, »curam diligentissimamque

in valetudine mea tuenda hoc tempore adhibuerim,

25 cum vos testes habeam,

nihil necesse est pluribus verbis commemorare.

Quibus quoniam, ut spero, satisfeci

me nihil reliqui fecisse,

quod ad sanandum me pertineret,

30 reliquum est, ut egomet mihi consulam.

Id vos ignorare nolui:

Nam mihi stat alere morbum desinere.

Namque his diebus quidquid cibi sumpsi,

Glossar:

septuāgintā *unveränderlich*: 70

prosperitās, tātis *f.*: guter Zustand
medicīna: Medizin

initiō *Adv.*: anfangs
medicus: Arzt
tēnesmon: *Akk. von* tēnesmos *m.*: Dysenterie (Durchfall)
remedium: Arznei, Heilmittel

praeterquam: außer
cūrātiō, ōnis *f.*: Behandlung
cōnsūmere: *hier:* ver-, zubringen
in īmum intestīnum prōrumpere, rūpī: im Mastdarm ausbrechen
lumbus: Lende
fistula pūris: Eitergeschwür
ērumpere, rūpī, ruptum: ausbrechen, hervorstürzen
priusquam: bevor
in diēs: von Tag zu Tag
accrēscere: anwachsen, zunehmen
febris, is *f.*: Fieber(anfall)
gener, ī *m.*: Schwiegersohn
accersere: herbeirufen

in cubitum innīxus: auf den Ellbogen gestützt
quantam … adhibuerim: *abhängig von* nihil necesse est … commemorāre

nihil *Adv.*: keineswegs
quibus: = vōbīs
satisfacere, faciō, fēcī alicui: *hier:* jmdn. ausreichend überzeugen
nihil reliquī facere: nichts auslassen
sānāre: gesund machen, heilen
pertinet ad: es bezieht sich auf, betrifft
egōmet: *verstärktes* egō
cōnsulere, cōnsuluī, cōnsultum + *Dat.*: sorgen für
mihi stat: ich bin entschlossen
cibus: Speise

ita produxi vitam, ut auxerim dolores sine spe salutis.

35 Quare a vobis peto, primum ut consilium probetis meum, deinde ne frustra dehortando impedire conemini.«

prōdūcere, dūxī: *hier:* verlängern

frūstrā *Adv.:* vergeblich
dehortārī: abraten

1 Suchen Sie aus dem Text alle lateinischen Begriffe zum Sachfeld »Gesundheit und Krankheit« heraus und ordnen Sie diese zu einer Mindmap.
2 Erstellen Sie ein Satzbild zu Z. 1–9.
3 (a) Wie begründet Atticus seinen Wunsch, freiwillig aus dem Leben zu gehen? Zitieren Sie lateinisch. – (b) Nehmen Sie Stellung zu seinen Motiven.
4 Warum informiert Atticus seine Freunde über seine Absichten?
5 Diskutieren Sie in der Klasse: Darf man sich das Leben nehmen?

Seneca und der Freitod
Epistulae ad Lucilium 24,24–26

Das Leben darf, wie du weißt, nicht immer festgehalten werden. Denn zu leben ist noch kein Gut, sondern erst: gut zu leben. […]
Doch wirst du sogar Lehrer der Philosophie finden, die bestreiten, dass man seinem Leben Gewalt antun dürfe, und die es für einen Frevel halten, sich eigenhändig zu töten: Man habe auf das Ende zu warten, das die Natur einem bestimmt hat. Wer so redet, sieht nicht, dass er sich den Weg in die Freiheit versperrt: Nichts hat das ewige Gesetz so gut eingerichtet wie die Tatsache, dass es allen zwar nur eine einzige Möglichkeit, ins Leben einzutreten, gegeben hat, aber viele Möglichkeiten, es zu verlassen. Soll ich die Grausamkeit einer Krankheit oder eines Menschen abwarten, obwohl ich einen Ausweg mitten durch die Folterungen habe und alles Unglück abschütteln kann? Aus einem einzigen Grund können wir uns über das Leben nicht beklagen: Es hält niemanden fest. […] Gefällt dir das Leben? Dann lebe! Gefällt es dir nicht? Du darfst dahin zurückkehren, von wo du gekommen bist.
Seneca-Brevier, übers. und hrsg. von U. Blank-Sangmeister, Stuttgart 1996, S. 191 f.

1 Welche Einstellung zum Freitod wird hier von Seneca vertreten?
2 Vergleichen Sie Senecas Haltung mit der des Atticus.

Teil 2

Hac oratione habita tanta constantia vocis atque vultus,
ut non ex vita, sed ex domo in domum videretur
    migrare.
Cum quidem Agrippa eum flens
atque osculans oraret atque obsecraret,
5 ne ad id, quod natura cogeret, ipse quoque sibi
    acceleraret,
et, quoniam tum quoque posset temporibus superesse,
se sibi suisque reservaret,
preces eius taciturna sua obstinatione depressit.

Sic cum biduum cibo se abstinuisset,
10 subito febris decessit leviorque morbus esse coepit.
Tamen propositum nihilo setius peregit.

Itaque die quinto, postquam id consilium inierat,
pridie kal. Aprilis Cn. Domitio C. Sosio consulibus
    decessit.

Elatus est in lecticula, ut ipse praescripserat,
15 sine ulla pompa funeris, comitantibus omnibus bonis,
maxima vulgi frequentia.

Sepultus est iuxta viam Appiam ad quintum lapidem
in monumento Q. Caecilii, avunculi sui.

---

cōnstantia: Standhaftigkeit, Festigkeit
migrāre: (um)ziehen
flēre, flēvī, flētum: (be)weinen
ōsculārī: küssen
obsecrāre: beschwören, anflehen
nē … accelerāret: dass er nicht das, wozu die Natur zwinge, von sich aus beschleunige
temporibus superesse: die schweren Zeiten überstehen/überleben
reservāre: erhalten, bewahren
taciturnus: stumm
obstinātiō, ōnis *f.*: Festigkeit, Beharrlichkeit
dēprimere, pressī: *hier*: zum Schweigen bringen
bīduum: zwei Tage
nihilō sētius *Adv.*: nicht weniger beharrlich
peragere, ēgī, āctum: durchführen, vollenden
quīntus: fünfter
inīre, eō, iī, itum: beginnen
prīdiē kal. (= kalendās) Aprīlis: einen Tag vor den Kalenden des Aprils = am 31. März
dēcessit: *erg.* dē vītā
efferre, efferō, extulī, ēlātum: (zum Scheiterhaufen) tragen
lectīcula: Totenbahre
praescrībere, scrīpsī, scrīptum: vorschreiben
pompa fūneris: Leichenzug
comitārī: begleiten
bonī, ōrum *m. Pl.*: Mitglieder der Oberschicht
frequentia: Menge, Andrang
sepelīre, sepelīvī, sepultum: bestatten
iūxtā *m. Akk.*: bei, an
via Appia: *Straße von Rom nach Capua*
lapis, pidis *m.*: Stein, Meilenstein
monumentum: *hier*: Grabmal

---

1 Erstellen Sie ein Satzbild zu Z. 3–8.

2 Mit welchen Argumenten versucht Agrippa, Atticus umzustimmen? Wie reagiert dieser? Zitieren Sie jeweils lateinisch.

3 Passt die Bestattung, die Atticus für sich bestimmt hat, zu seinem Leben? Begründen Sie Ihre Meinung.

4 Schreiben Sie auf Deutsch einen Nachruf auf Atticus.

Via Appia.

Personenverzeichnis

Die Praenomina sind wie üblich abgekürzt: C. = Gaius; Cn. = Gnaeus; L. = Lucius; M. = Marcus; P. = Publius; Q. = Quintus; T. = Titus.

Aemilii, orum *m. Pl.*: Aemilier; patrizische *gens*

Agrippa: s. M. Vipsanius Agrippa

Anicia: Kusine des Atticus, Frau des M. Servius, s. d.

M. Antonius: 83–30 v. Chr.; Konsul 44 v. Chr.; Anhänger Caesars; versuchte nach dessen Ermordung, gegen Ciceros Widerstand, sich der Herrschaft in Rom zu bemächtigen; schloss 43 v. Chr. mit Octavianus und Lepidus ein Triumvirat; proskribierte Cicero; verband sich mit der ägyptischen Königin Kleopatra; 31 v. Chr. bei Actium besiegt; Freitod

Atticus: s. T. Pomponius Atticus

Brutii, orum *m. Pl.*: die Caesar-Mörder Marcus und Decimus Iunius Brutus

Brutus: s. M. Iunius Brutus

Q. Caecilius: römischer Ritter, Onkel des Atticus

Caesar: s. C. Iulius Caesar und C. Octavius

Canus: s. Q. Gellius Canus

Cassius: einer der Caesar-Mörder

M. Cato, M. Catonis: Cato der Jüngere, »der letzte Republikaner«; beging nach Caesars Sieg bei Thapsos 46 v. Chr. Selbstmord

(M.) Cicero: s. M. Tullius Cicero

Cinna: = L. Cornelius Cinna, L. Cornelii Cinnae: Nachdem Sulla zum Krieg gegen Mithridates, dem König von Pontos, aufgebrochen war (87 v. Chr.), holte der Konsul L. Cornelius Cinna, ein Vertreter der Popularen, Marius wieder nach Rom zurück. Dieser hatte Sulla den Oberbefehl für den Krieg gegen Mithridates aberkennen und auf sich selbst übertragen lassen, hatte dann aber vor Sulla fliehen müssen. Cinna und Marius bekämpften die Anhänger Sullas und errichteten eine Schreckensherrschaft, die durch Cinnas Tod und die Rückkehr des Feldherrn (84 v. Chr.) ein Ende fand. Dafür errichtete nun Sulla ein ebenso blutiges Terrorregime.

L. Cornelius Balbus: Freund des Atticus

L. Cotta: Konsul des Jahres 65 v. Chr.

Cn. Domitius: Konsul des Jahres 32 v. Chr.

Drusilla: = Livia Drusilla; Mutter des späteren Kaisers Tiberius, ihres Sohnes aus erster Ehe; in zweiter Ehe verheiratet mit Augustus

Epikur: um 340–270 v. Chr.; griechischer Philosoph aus Samos, Begründer der epikureischen Philosophenschule; Ziel seiner Lehre: die individuelle Glückseligkeit des Menschen

Fabii, orum *m. Pl.*: Fabier; patrizische *gens*
Fabius Maximus: Konsul 45 v. Chr.
C. Flavius: Freund des M. Iunius Brutus
Fulvia: Frau des M. Antonius

Q. Gellius Canus: Freund des Atticus

Q. Hortensius: 114–50 v. Chr.; Konsul 69 v. Chr., während Ciceros Jugend der beste Redner Roms

C. Iulius Caesar, Gaii Iulii Caesaris: 100–44 v. Chr.; bedeutender Redner, Schriftsteller und popularer Politiker; 59 v. Chr. Konsul, dann Statthalter in Gallien; Unterwerfung Galliens 58–51; seine Weigerung, sein Kommando niederzulegen, führte zum Bürgerkrieg mit Pompeius; 48 Sieg über Pompeius bei Pharsalos; Siege über die Heere der Senatspartei: 46 bei Thapsos, 45 bei Munda; 44 Alleinherrschaft, Diktator auf Lebenszeit; an den Iden des März (15. März) desselben Jahres ermordet
M. (Iunius) Brutus: Freund Caesars, dann einer seiner Mörder; nach Caesars Tod zunächst aufseiten des M. Antonius, später dessen Gegner; nach der Niederlage bei Philippi (42 v. Chr.) Freitod

L. (Licinius) Lucullus: Konsul 74 v. Chr., Feldherr, bekannt für seinen Reichtum seine und luxuriöse Lebensführung

Marcelli, orum *m. Pl.*: Zweig der berühmten *gens Claudia*, einer der vornehmsten römischen Familien
Marcellus Claudius: = Claudius Marcellus, Konsul 50 v. Chr.
C. Marius filius: Sohn des siebenmaligen Konsuls Marius, des berühmten Siegers über die Kimbern und Teutonen (102/101 v. Chr.). Der Vater des Marius, ein Vertreter der Popularen, hatte Sulla den Oberbefehl im Krieg gegen Mithridates aberkennen und auf sich selbst übertragen lassen. Die Folge war ein blutiger Bürgerkrieg. Nach dem Tod des Vaters führte der Sohn als Konsul des Jahres 82 v. Chr. die Popularen und wurde im selben Jahr von Sulla beseitigt.

C. Octavius: 63 v.-14 n. Chr.; hieß, nachdem er von C. Iulius Caesar adoptiert worden war, C. Iulius Caesar Octavianus; kämpfte nach Caesars Tod zuerst gegen M. Antonius und dann mit ihm um die Macht in Rom; 43 v. Chr. Triumvirat mit Antonius und Lepidus; besiegte Antonius bei Actium 31 v. Chr.; von 31 v. – 14 n. Chr. erster römischer Kaiser
Octavianus: s. C. Octavius

Cn. Pompeius Magnus: 106–48 v. Chr., römischer General; bekämpfte Caesar im Bürgerkrieg; 48 v. Chr. bei Pharsalos geschlagen; auf der Flucht in Ägypten ermordet

Pomponia: Schwester des Atticus, Ehefrau des Q. Tullius Cicero

Pomponius: s. T. Pomponius Atticus

T. Pomponius Atticus: 110–32 v. Chr., römischer Ritter

Publius Volumnius: Anhänger des Antonius

Pythagoras, ae: griechischer Philosoph und Mathematiker (um 550 v. Chr.)

Quintus: s. Q. Tullius Cicero

L. Saufeius: römischer Ritter

Scipio Cornelius, Scipionis Corneli: = Q. Caecilius Metellus Pius Scipio; Konsul 45 v. Chr.; interessierte sich, da sein berühmter Vorfahre Scipio Africanus der Jüngere aus der *gens Aemilia* in die Familie der Scipiones adoptiert worden war, auch für die Geschichte der Aemilier

Servilia: Mutter der Brutus-Brüder

M. Servius: Bruder des Volkstribunen P. Sulpicius

Sextus Peducaeus: Freund des Atticus

C. Sosius: Konsul des Jahres 32 v. Chr.

Sulla: = L. Cornelius Sulla Felix (138–78 v. Chr.), Konsul 88 und 80; Optimat; besiegte König Mithridates von Pontos; führte nach seiner Rückkehr nach Rom einen Bürgerkrieg gegen Marius und Cinna; Diktator 82/81; Ausrottung seiner politischen Gegner durch Proskriptionen

P. Sulpicius: Volkstribun 88 v. Chr.; Gegner Sullas, Anhänger des Marius

Tamphilus: Konsul des Jahres 181 v. Chr.

Tiberius Claudius Nero, Tiberii Claudii Neronis: der spätere Kaiser Tiberius (reg. 14–37 n. Chr.)

L. Torquatus: Patrizier; Konsul des Jahres 65 v. Chr.

M. (Tullius) Cicero, Marci Tullii Ciceronis: berühmter Redner, Schriftsteller und Politiker (106–43 v. Chr.), Konsul des Jahres 63 v. Chr.; 58 verbannt; versuchte im Konflikt Pompeius – Caesar zu vermitteln; nach Caesars Ermordung aufseiten des Brutus und Cassius, Gegner des M. Antonius (*Philippische Reden*); auf dessen Befehl bei den Proskriptionen ermordet

Q. Tullius Cicero, Quinti Tullii Ciceronis: jüngerer Bruder des Marcus Cicero, verheiratet mit Atticus' Schwester Pomponia; 59/58 v. Chr. Statthalter in Kleinasien

M. Vipsanius Agrippa: Vertrauter des Octavi(an)us, besiegte als Admiral des Octavianus Antonius und Kleopatra in der Seeschlacht bei Actium 31 v. Chr.; Schwiegersohn des Atticus

Zenon: um 300 v. Chr.; griechischer Philosoph aus Zypern, Begründer der stoischen Philosophie

Lernwortschatz

A

abhorrēre ab, horruī, – — zurückschrecken vor, nicht passen zu

adeō *Adv.* — so sehr

adhūc *Adv.* — bisher

adnuere, nuī, – — zunicken; zusagen, gewähren

aedificium — Gebäude

aequālis, e — gleich(mäßig), gleichaltrig

aequē … ac — genauso … wie

affīnitās, tātis *f.* — Verwandtschaft

afflīgere, flīxī, flīctum — niederschlagen, peinigen

amplitūdō, dinis *f.* — Größe, Ansehen

antīquitās, tātis *f.* — Altertum, Alter

artifex, ficis *m.* — Künstler; Handwerker

Athēnae, ārum *f. Pl.* — Athen

Athēniēnsis, is *m.* — Athener; athenisch

avunculus — Onkel *(mütterlicherseits)*

B

benevolentia — Wohlwollen

bonitās, tātis *f.* — Güte, Redlichkeit

bonum — das Gute; Gut

C

callidus — schlau, berechnend

canere, cecinī, – — singen; verkünden

cēlāre — verheimlichen

cēnāre — speisen

certiōrem facere, iō, fēcī, factum — benachrichtigen, informieren

cibus — Speise

circiter *Adv.* — ungefähr

coīre, eō, iī, itum — zusammenkommen

comitārī — begleiten

cōmitās, tātis *f.* — Freundlichkeit, Leutseligkeit

commūtāre — verändern

conciliāre — sich geneigt machen; zustande bringen, vermitteln

coniūnctus — verbunden, vereint; befreundet, nahestehend

cōnstantia — Standhaftigkeit, Festigkeit

cōnsulere, cōnsuluī, cōnsultum + *Dat.* — sorgen für

contentus — zufrieden

continentia — Selbstbeherrschung, Mäßigkeit, Zurückhaltung

convertere, vertī, versum — wenden

convīva, ae *m.* — Gast

convīvium — Gastmahl, Bankett

cultus, ūs *m.* — Pflege; Verehrung; Lebensart

D

decet — es gehört / schickt sich

dēspicere, iō, spēxī, spectum — herabsehen; verachten; verzichten auf

dētrīmentum — Schaden

doctrīna — Unterricht; Gelehrsamkeit; Wissenschaft

domesticus	häuslich; einheimisch

E

effigiēs, ēī f.	Bild, Bildnis
ēlegāns, ntis	wählerisch, geschmackvoll
ēlicere, iō, licuī, licitum	hervor-, entlocken
ēloquentia	Beredsamkeit
equester, tris, tre	Ritter-
ērudīre	unterrichten
ērumpere, rūpī, ruptum	ausbrechen, hervorstürzen
etsī	wenn auch
excōgitāre	ausdenken, auf den Gedanken kommen
eximere, ēmī, ēmptum	herausnehmen, beseitigen
exīstimātiō, ōnis f.	Urteil, Meinung; Ansehen
expers, expertis + Gen.	ohne Anteil an, frei von

F

facilitās, tātis f.	Umgänglichkeit, Nachsicht
familiāritās, tātis f.	Freundschaft
fastīgium	Spitze, Gipfel
favēre, fāvī, fautum + Dat.	geneigt sein, begünstigen
flēre, flēvī, flētum	(be)weinen
fundus	Grundstück, Landgut

G

gener, ī m.	Schwiegersohn
glōriārī	sich rühmen
Graecus	griechisch

H

hērēditās, tātis f.	Erbschaft
hērēs, hērēdis m./f.	Erbe/Erbin
hortus	Garten

I

in prīmīs	besonders
incidere, cidī, –	in etwas geraten; sich ereignen
incommodum	Nachteil
indigēre, indiguī, –, + Abl.	Mangel haben an, brauchen
indulgēre, dulsī, dultum	nachgeben; gewähren
industria	Einsatz, Engagement; Fleiß
inertia	Trägheit
īnfīnītus	unendlich, unzählig
inimīcitiae, ārum f. Pl.	Feindschaft
inīre, eō, iī, itum	beginnen
intercēdere, cessī, cessum	dazwischentreten, (inzwischen) eintreten
interdum Adv.	manchmal
interpretārī	erklären, deuten, übersetzen
intervenīre, vēnī, ventum	dazwischenkommen
intuērī, tueor, tuitus sum	betrachten, bedenken, berücksichtigen
invītāre	einladen
īrāscī, īrātus sum + Dat.	zornig sein auf

L

lapis, pidis m.	Stein, Meilenstein
līberālis, e	freigebig, großzügig
līberālitās, tātis f.	Freigebigkeit, Güte
līs, lītis f.	Streit, Rechtsstreit

M

māgnificus	hochherzig; großartig; prachtliebend, prahlerisch
malum	Übel
maritimus	See-, Meeres-
medicus	Arzt
memor, memoris	eingedenk
mentiō, ōnis *f.*	Erwähnung; Erinnerung
migrāre	(um)ziehen
minus *Adv.*	weniger
moderātiō, ōnis *f.*	Mäßigung, Maßhalten
modo … modo	bald … bald
mōrēs, mōrum *m. Pl.*	Charakter
mūtātiō, ōnis *f.*	Wechsel, Veränderung

N

namque	denn
nātūrālis, e	natürlich, angeboren
nē … quidem	nicht einmal
necessitūtdō, dinis *f.*	Verwandtschaft, Freundschaft
nefās *nicht deklinierbar*	Frevel, Gottlosigkeit
nihilō minus	nichtsdestoweniger
nūbere, nūpsī, nūptum + *Dat.*	heiraten *(von der Frau aus gesehen)*
nūptiae, ārum *f. Pl.*	Hochzeit
nusquam *Adv.*	nirgendwo, nirgendwohin

O

obsecrāre	beschwören, anflehen
occupātiō, ōnis *f.*	Beschäftigung
offēnsiō, ōnis *f.*	Anstoß, Ärger, Missstimmung

P

partim … partim	teils … teils
peragere, ēgī, āctum	durchführen, vollenden
perpetuō *Adv.*	ununterbrochen, auf Dauer
perscrībere, scrīpsī, scrīptum	genau aufzeichnen/berichten
plācāre	besänftigen
plērumque *Adv.*	meistens
plūs *Adv.*	mehr
possessiō, ōnis *f.*	Besitz(tum); Grundstück
potissimum *Adv.*	hauptsächlich, gerade
potius *Adv.*	lieber, eher
praecipuus	außerordentlich
praedicāre	preisen; behaupten
praedīcere, dīxī, dictum	voraussagen
praescrībere, scrīpsī, scrīptum	vorschreiben
praetereā *Adv.*	außerdem
pretiōsus	wertvoll, kostbar
prīncipātus, ūs *m.*	erste Stelle, Vorrang
priusquam	bevor
prōcūrāre	besorgen, tätigen
profugere, iō, fūgī, –	fliehen
prōpositium	Vorsatz, Vorhaben
prōscrībere, scrīpsī, scrīptum	ächten
prōsequī, sequor, secūtus sum	geleiten, das Geleit geben
prūdens, ntis	klug
puerīlis, e	kindlich, knabenhaft

pueritia	Kindheit, Knabenalter	secus *Adv.*	anders, weniger
		sēiungere, iūnxī, iūnctum	trennen
Q		semel *Adv.*	einmal
quaestiō, ōnis *f.*	Frage, Untersuchung	sepelīre, sepelīvī, sepultum	bestatten
quaestus, ūs *m.*	Erwerb, Gewinn	sevēritās, tātis *f.*	Ernst, Strenge
quamdiū	solange	similitūdō, dinis *f.*	Ähnlichkeit
quantum *Adv.*	soviel, soweit	splendidus	glänzend, brillant
querimōnia	Klage, Beschwerde	stirps, stirpis *f.*	Stamm, Spross, Ursprung
quīn	ja sogar; ohne dass	succurrere, currī, cursum	zu Hilfe eilen
quoad	solange als /bis	superstes, stitis	überlebend
R		**T**	
recuperāre	wiederbekommen	tēctum	Dach; Haus
remanēre, mānsī, –	zurückbleiben, zu Hause bleiben	terror, oris *m.*	Schrecken, Angst
		tot	so viele
remedium	Arznei, Heilmittel		
rērum potīrī	an die Macht gelangen	**U**	
		ulcīscī, ulcīscor, ultus sum	rächen
rēs gestae, rērum gestārum *f. Pl.*	Taten	umquam *Adv.*	jemals
reservāre	erhalten, bewahren	urbānus	städtisch, zur Stadt Rom gehörig
rūsticus	ländlich, bäuerlich	ūtilitās, tātis *f.*	Nutzen, Vorteil
S		**V**	
sāl, salis *m.*	Salz; Geschmack	varietās, tātis *f.*	Buntheit, Wechselhaftigkeit
sancīre, sānxī, sānctum	heiligen, bekräftigen	vātēs, is *m.*	Weissager, Seher
sē gerere, gessī, gestum	sich verhalten, leben	venter, tris *m.*	Leib, Bauch
		vetustās, tātis *f.*	Alter